Jean Cocteau

DIE SCHWIERIGKEIT, ZU SEIN

Aus dem Französischen übersetzt
von Friedrich Hagen

FISCHER TASCHENBUCH VERLAG

Ungekürzte Ausgabe
Veröffentlicht im Fischer Taschenbuch Verlag GmbH,
Frankfurt am Main, April 1988

Umschlaggestaltung: Manfred Walch
Herstellung: Alexander Gutfreund
Satz: Fotosatz Otto Gutfreund, Darmstadt
Druck und Bindung: Clausen & Bosse, Leck
Printed in Germany
ISBN 3-596-29211-5

Über dieses Buch In den Essays der *Schwierigkeit, zu sein* versammelt Jean Cocteau Reflexionen und Erinnerungen zu einem Bild seines künstlerischen Selbstverständnisses. Kindheit und Künstlerfreundschaften ziehen herauf, die Gegenwart seines Lebens, als er an diesen Essays schrieb, fließt ein, Betrachtungen zu seinen Büchern, zu seiner Arbeit für das Kino und das Theater zeichnen die Forderungen nach, die die Kunst an einen Menschen stelle, der es ernst mit ihr meint. Der Cocteau-Biograph Francis Steegmuller nennt *Die Schwierigkeit, zu sein* »das ernsthafteste und das gehaltvollste unter den Prosawerken, in denen Cocteau auf sein Leben zurückblickt, weil es zugleich das poetischste und das am wenigsten beschönigende ist«.

JEAN COCTEAU
WERKAUSGABE IN ZWÖLF BÄNDEN

☆

DIE GROSSE KLUFT · DAS WEISSBUCH
Erzählende Prosa I

THOMAS DER SCHWINDLER
DAS PHANTOM VON MARSEILLE
Erzählende Prosa II

KINDER DER NACHT
Erzählende Prosa III

DIE HOCHZEIT AUF DEM EIFFELTURM
ORPHEUS · DIE HÖLLENMASCHINE
Theater I

DIE GELIEBTE STIMME · DER DOPPELADLER
Theater II

OPERA · CHORAL
Gedichte I

SPIEGELSCHRIFTEN
Gedichte II

DAS BLUT EINES DICHTERS
DIE SCHÖNE UND DAS TIER · ORPHEE
Filme

DAS BERUFSGEHEIMNIS
Kritische Poesie I

OPIUM
Kritische Poesie II

DIE SCHWIERIGKEIT, ZU SEIN
Kritische Poesie III

DIE FARBEN DER ERINNERUNG
DER LEBENSWEG EINES DICHTERS
Kritische Poesie IV

INHALT

DIE SCHWIERIGKEIT, ZU SEIN

Aus dem Französischen übersetzt
von Friedrich Hagen

VORWORT ZUR DEUTSCHEN AUSGABE

Der alte Fontenelle lag im Sterben. »Wie fühlen Sie sich?« fragte ihn der Arzt. Er antwortete: »Je sens une difficulté d'être. – Ich fühle eine Schwierigkeit, zu sein.«

Das ist der Ursprung meines Titels, der nur schwer in fremde Sprachen zu übertragen ist, denn »sein« ist etwas ganz anderes als »leben«, und »die Schwierigkeit, zu leben« ist ein äußeres Phänomen, während das Verbum »sein« sich auf ein inneres Phänomen bezieht. Die Anwendung des Verbs durch Fontenelle ist selbst in unserer Sprache eine grammatikalische Kühnheit, und dieser Wagemut der Sprache gibt dem Wort eine tiefe Einmaligkeit.

Und in der Tat: meine Aufzeichnungen sprechen nicht vom Labyrinth des Lebens, sondern von der Angst und der Begierde, die man empfindet, während man das Ungeheuer erwartet, das in ihm haust. »Zu sein«, das ist genau übersetzt, »zu leben«, das wäre falsch.

In *La Difficulté d'être* blutet meine Seele und liegt geöffnet da wie ein reifer Granatapfel.

Januar 1958

Jean Cocteau

VORWORT

Ich werfe mir vor, daß ich zuviel von selbstredenden Dingen gesprochen habe und zuwenig von Dingen, die man zu sagen unterläßt und die, wenn sie in uns auftauchen, so sehr von Leere umschlossen sind, daß man nicht mehr weiß, ob es ein Zug war und welcher Zug, der die Fahrräder im Gepäckwagen mit sich führte, aber wozu denn, du lieber Gott, da doch der Platz steil abfiel (ich denke dabei an den von Saint-Rémy-sur-Deule oder von Cadet-Rousselle oder an irgendeinen anderen schmutzig schiefergrauen Platz), hinab bis zu jenem verwunschenen (gar nicht so verwunschenen) Haus, wo wir speisten, ohne daß ich zu sagen wüßte, weshalb wir uns schuldbewußt fühlten, und mit wem ich aß ... All das reicht zwar aus, damit ich mich dieser Dinge und des übersonnten, abschüssigen Orts erinnere, doch es genügt nicht, um auch Datum, Ortsnamen, Gegend, die Beteiligten und die Einzelheiten ins Gedächtnis zurückzurufen. Auch verleiht dies alles der Stätte, dieser ausgesprochenen Sonnenbrand-Esplanade, eine so ungewisse Lage, daß mir schwindelt, wenn ich mich frage, ob sie mit ihrem tiefgelegenen Haus und den Leuten dort unten überhaupt noch im Raume fortbesteht.

Und andere unsagbare Dinge. Zum Beispiel der Jahrmarkt, damals, als ich mich auf dem anderen Ufer der Seine verlaufen hatte (vielleicht war's in Sartrouville), nahe einem schwimmenden Waschhaus mit der Aufschrift: Madame Levaneur. Es wurden Schokoladezigarren geraucht. Aber auch diese Zigarren stehen in keinem vernünftigen, menschlichen Zusammenhang mehr, wie die Académie française und die Postämter.

Und dann ein Schal um meinen Kopf und die ungemeine Kühle des Gletschers und der Name Interlaken und die Edelweißblüte. Und die Zahnradbahn, die unten mit eiskaltem Bier beginnt, dieser bohrenden Schrotladung in die Augenhöhlen, und die oben aufhört mit einem Glashaus, mit Alpenveilchen, mit gelben Faltern und Pastoren, die sie chloroformieren und auf Kork kreuzigen.

Und dann dies – aber keine Ahnung, in welches Leben das hineingehört, doch sicher war's kein Traum (bei geträumten Dingen weiß man wenigstens, wo sie zu finden sind: im Traum nämlich). Ein junger radfahrender Schornsteinfeger mit Zylinderhut und von der Akrobatengeschmeidigkeit eines so unerhörten Exzentriks, daß er auf die Leiter hätte klettern können, die er quer über dem Rücken trug wie ein Musikinstrument. Das war unweit eines kreischenden Sägewerks. Und so geht es weiter, immer weiter. Und dazwischen Leere, eine Brandung von Leere, und heranschießendes Empfindungstreibgut, hergewirbelt im Gischt und wieder fortgespült auf die hohe See.

So steht's damit. Und das ist's, was mich bedrückt, hier in diesem ländlichen Frieden, in diesem stillen Haus, das mich umhegt und das ich in diesem März des Jahres 1947 allein bewohne, nach einer langen, langen Erwartung.

Mir ist das Herz schwer. Nicht wegen des Hauses und nicht, weil ich's so lange ersehnt habe. Nein, weil ich zuviel von selbstredenden Dingen sprach und nicht genug von den anderen, den unsagbaren Dingen.

Letzten Endes wird man mit allem fertig, nur mit dem einen nicht: mit der Schwierigkeit, zu sein.

Milly, im März 1947 Jean Cocteau

VON DER UNTERHALTUNG

Ich habe die Fünfzig überschritten. Das will besagen, daß der Tod keine lange Strecke mehr zurückzulegen braucht, um mich einzuholen. Die Komödie geht ihrem Ende zu. Mir bleiben nur noch wenige Repliken. Wie ich mich auch dreh' und wende, ich begegne in bezug auf meine Person nur einem Märchenbrei, darin der Löffel aufrecht steckenbleibt. Ich hüte mich, hineinzutappen und mich an diesem klebrigen Zeug zu fangen. Außer dem Vorwort von Roger Lannes zu der bei Seghers erschienenen Auswahl sehe ich nichts, was mich davon erlöst (ich meine: was meine Gestalt freilegt). Und so bemerkte ich weder bei Lobrednern noch bei Tadlern auch nur die geringste Bemühung, das Wahre vom Falschen zu sondern.

Fürs Stillschweigen derer, die mein Knäuel entwirren könnten, habe ich allerdings Entschuldigungsgründe. Seit eh und je wachsen mir die Kopfhaare nach allen Richtungen, desgleichen die Zähne und das Barthaar. Nun, genauso dürften ja wohl auch die Nerven und die ganze Seele angelegt sein. Das aber macht mich unentwirrbar für Leute, die in Reihen gepflanzt sind und denen ein Ährenbüschel über den Verstand geht. Es bringt alle, die mich von jenem Legendenschorf befreien könnten, in Verwirrung. Sie wissen nicht, wo sie bei mir anfangen sollen.

Dieses angeborene Durcheinander ist für mich eine Schutzeinrichtung, die mir alle Unachtsamen vom Leibe hält. Überdies verschafft es mir Vorteile. Es erlaubt mir Vielfalt, Kontrastreichtum und die Behendigkeit, mit der ich mich, diesem oder jenem Anreiz folgend, bald der einen, bald der anderen Seite zuneige und dann wieder ins lotrechte Gleichgewicht versetze.

Es macht freilich meine Weltschau undurchsichtig und mein Anliegen schwierig vertretbar. Aber da mir nichts und niemand Beistand leistet, komme ich mir selber zu Hilfe und versuche, mich genau zu beobachten.

Fünf Monate lang habe ich meinen Film *Die Schöne und das Tier (La Belle et la Bête)* bei denkbar schlechter Gesundheit gedreht. Seit dem schlimmen Sonnenstich in der Bucht von Arcachon habe ich mich ständig mit Mikroben herumzuschlagen und mit den Verheerungen, die sie im Organismus anrichten.

Ich schreibe diese Zeilen auf einem von seinesgleichen umringten Schneegipfel, unter einem mißgelaunten Himmel. Die ärztliche Wissenschaft behauptet, Höhenluft bekäme den Mikroben nicht. Mir scheint hingegen, daß sie darein vernarrt sind und dabei gleichzeitig mit mir an Kraft und Stärke zunehmen.

Leiden ist Sache der Gewöhnung. Darin weiß ich Bescheid. Während der Filmaufnahmen redete man von meiner Standhaftigkeit. Ich würde eher sagen, ich sei zu faul gewesen, mich zu schonen. Ich ließ mich einfach in den Betrieb plumpsen, mit voller, träger Wucht.

Die Arbeit lenkte mich von den Beschwerden ab, und da mir die Schneekur, wie bewiesen, nicht anschlägt, so finde ich's zuträglicher, mich auf meine Geschäftigkeit zu versteifen, statt mich in stumpfsinnige Einsamkeit zurückzuziehen. Selbst hier, wo ich den Geist ausruhen und ein Muschelleben führen sollte, kann ich's nicht lassen, mich mit euch zu unterhalten.

Zu wem sonst sollte ich denn sprechen? Diese Hotels sind das Sammelbecken für Neureiche, die aus unserem

Beutel leben und einen Luxus nachäffen, den ihnen Film und Zeitungen beigebracht haben. Die Folge ist ein Tohuwabohu von Rangen, die zwischen den Tischen herumgaloppieren und deren Eltern nicht wissen, daß es wohlerzogene Kinder gibt. Vor den Türen lassen uns die Damen den Vortritt. Man erkennt daran die Gewohnheit kleiner Ladenbesitzer, den Kunden zur Tür zu begleiten. Besagte Herrschaften laufen in der mittelalterlich anmutenden Tracht ihrer Sportuniform herum. Sie schnallen sich Skier an, klettern Hänge hinauf und brechen sich rühmlich die Beine. Ich isoliere mich tunlichst, marschiere durch den Schnee, schließe mich in meinem Zimmer ein und räche mich auf diesem Blatt dafür, daß ich mich nicht dem einzigen heißgeliebten Sport hingeben kann, den man 1580 *conférence* nannte und der in der Unterhaltung besteht.

Da bricht die Sonne durch und pinselt die ganze niedliche Gesellschaft buntscheckig an. Durch mein Fenster aus der Ferne gesehen, bietet sie den Anblick von Ritterhaufen inmitten der Standarten, Lanzen, Schilde, Fanfaren und Tribünen eines weißen Turnierfelds. Die Gipfel überflecken sich mit Schatten und mit Schnee, strahlender als Scharlach. Ich aber plaudere unentwegt fort, denn was wäre mein Ergötzen, könnte ich's nicht mit jemandem austauschen. Hier in Morzine kann ich mich mit niemandem aussprechen. Diese Leute wissen kaum mit Worten umzugehen. Sie bedienen sich des Mundes nur zum Essen. Viele reisen ab, heimgerufen vom Geschäft, das ihre Säckel füllt.

VON MEINER KINDHEIT

Ich wurde am 5. Juli 1889 geboren, am Sully-Platz in Maisons-Laffitte (Seine-et-Oise).

Maisons-Laffitte ist eine Art Trainerpark, übersät von Villen, Gärten, Lindenalleen, Rasen, Blumenrabatten und Plätzen mit Springbrunnen. Rennpferd und Fahrrad beherrschten den Ort. Hier trug man untereinander Tennispartien aus, in einer durch die Dreyfus-Affäre entzweiten bürgerlichen Welt. Die Seine, die Reitallee, die Mauer um den Forst von Saint-Germain, in den man durch ein Pförtchen eindringt, heimliche Winkel, wo man Räuber und Gendarm spielte, das tiefer liegende Militärlager, die Gartenwirtschaften mit ihren Laubengängen, der Dorfjahrmarkt, das Feuerwerk, das Draufgängertum der Feuerwehrleute, das von Mansard gebaute Schloß mit seiner Graswildnis und seinen römischen Kaiserbüsten – all dies formte der Kindheit ein Reich, das sie in ihrem Glauben bestärkte, sie lebe an einer einmaligen Stätte der Welt.

Im vergangenen Jahr brachten mich Freunde unheilvollerweise zu eben diesem Sully-Platz, der überwuchert war von fahlgrünen Gräsern, deren Rispen im Ärmel hochkriechen, und von wilden Nelken. Ich wollte ihnen voller Stolz mein Haus zeigen und womöglich das Wagnis versuchen, sie teilnehmen zu lassen an den Träumen, die es in mir erweckt. Zunächst hatte ich das Gefühl einer völligen Verlorenheit im Raum, so, wie wenn man uns die Augen verbindet und uns in einer Richtung, die wir für eine ganz andere halten, laufen läßt. Waren das hier mein weißes

Le concours Hippique

Gattertor, mein Gitterzaun, meine Bäume, mein Rasen, mein Geburtshaus und die Glastüren des Billardzimmers? Eine Sandbahn ersetzte Rasen, Bassin und Blumenbeete. Ein hohes graues Gebäude, von einem Schuppen flankiert, stand an Stelle unseres Hauses. Stallknechte liefen herum und musterten uns mißtrauisch im Vorübergehen. In mir, der ich die Stäbe des übermalten Gattertors umklammerte wie ein *draußen Eingesperrter*, in mir machte sich ein schmerzhaftes Unbehagen breit, das nichts anderes war als die Flucht der mit Heugabeln verjagten Erinnerungen, die nicht mehr zurückfinden konnten zu ihren Gewohnheiten und zur Nische, wo ich sie in der Erwartung meiner Rückkehr eingenickt glaubte. Ich wandte mich um. Auf der anderen Seite des Platzes gab es vielleicht noch eine Zuflucht für mich. Einst überquerte man ihn an Sonnentagen, wenn man den (nach meinem Onkel benannten) »Clos André« aufsuchte. Das eiserne Tor kreischte und gab zur Rechten ein Heliotropdickicht frei. Dahinter begann Eden. Der Küchengarten der Entdeckungen. Denn hier, im Schatten der dichten Fliederbüsche, der Johannisbeersträucher und der Schuppen, hier begann das Kind, die Welt der Großen und ihr Geheimnis zu ergründen.

Eine noch schlimmere Enttäuschung erwartete mich. Man hatte das Besitztum in Parzellen aufgeteilt. Zahllos, wie mir schien, drängten sich nun dort Arbeiterhäuschen. Die Trauben in Papiertüten, das Fieber der Pfirsiche, die rauhen Stachelbeeren, die im Munde zerkrachen, der Geruch der Geranien im Treibhaus, die Fliesen des Hühnerstalls, die Reineclauden, die sich den Kopf spalten und Gold bluten, im Bassin die toten Frösche, erstarrt in der Pose von Opernsängern, die Hand auf dem Herzen – dieses ganze Zauberwerk wurde augenblicks zum Phantom eines Ermordeten, der auf Sühne dringt.

Wir besichtigten Alleen, die weniger gelitten hatten als mein Platz. Dort gab es noch Gärten und Häuser, die sich gleichgeblieben waren, und ich hätte mancherlei ausgraben können, das wir vierzig Jahre zuvor beim Schatzgräberspiel in die Erde versenkt hatten. Wir strichen das Gitter des Parks entlang, in dem Max Lebaudy, das »Zuckerdöschen«, Stierkämpfe veranstaltete und seine Kutschen mit Champagner wusch.

Man kann sich vorstellen, wie solche Vorgänge die rücksichtslose und nach Abenteuern lüsterne Kinderseele in Wallung versetzten. Damals, im Jahre 1904, trieben wir uns um das Grundstück herum und versuchten, von den Sätteln unserer Fahrräder aus übers Gitter einzusteigen.

Genug! Rührung trübt den Geist. Solche Erinnerungen lassen sich genausowenig mitteilen wie die Episoden eines Traums. Seien wir dessen eingedenk, daß ein jeder von uns ähnliche Erinnerungen in sich verschließt, ohne sie anderen aufzunötigen.

Wenn ich mich mit dem Jammern ein bißchen zu lange aufgehalten habe, so nur deshalb, weil mein Gedächtnis, das keine Bleibe mehr hat, sein Gepäck mit sich forttragen sollte. Und so schnüre ich denn rasch mein Bündel und spreche nicht mehr davon.

VON MEINEM STIL

Von Natur aus bin ich weder froh noch traurig. Aber ich kann das eine und das andre im Übermaß sein. Beim Gespräch, wenn die Seele zirkuliert, vergesse ich oft die Verdrießlichkeiten, von denen ich mich losmache, oder ein Leiden, das mir zusetzt, ja, mich selbst, denn Worte berauschen mich, Worte lösen Gedanken aus. Die Ideen strömen mir dann leichter zu als in der Einsamkeit, und gereicht mir das Artikelschreiben häufig zur Pein, so macht mir Plaudern nicht die geringste Mühe. Dieser Rausch der Beredsamkeit läßt vermuten, mir sei eine Ungezwungenheit zu eigen, die ich in Wahrheit nicht besitze. Denn sowie ich mich überwache, weicht diese Ungezwungenheit der Mühsal einer Arbeit, die, wie mir scheinen will, sich senkrecht und unüberwindbar vor mir auftürmt. Dazu kommt noch eine abergläubische Angst vor dem ersten Schritt, die ständige Furcht, ich könnte eine falsche Richtung einschlagen. Daraus ergibt sich eine gewisse Arbeitsscheu und das, was die Psychiater mit »Tatunlust« bezeichnen. Das weiße Blatt, die Tinte, die Feder jagen mir Schrecken ein. Ich weiß, daß sie sich gegen meinen Schreibvorsatz verschwören. Gelingt es mir, sie zu bändigen, dann läuft die Maschine sich warm, die Arbeit bearbeitet mich und der Geist blüht. Aber es ist unerläßlich, daß ich mich so wenig wie möglich einmische, daß ich zur Hälfte vor mich hinträume. Die geringste Bewußtheit dieses Mechanismus unterbricht seinen Ablauf. Und will ich ihn wieder in Gang bringen, muß ich abwarten, bis er sich selber dazu entscheidet, ohne daß ich ihn zu überlisten versuche. Deshalb benutze ich keine Tische, denn ihre auffordernde Miene schüchtert mich ein. Ich schreibe gleichgültig wann, das Blatt auf den Knien. Fürs Zeichnen gilt das gleiche. Die Linie, die ich zu imitieren verstehe, ist nicht die rechte; die wahre Linie entspringt in mir, wann immer es ihr behagt.

Meine Träume sind fast immer so ernsthafte und so unzweideutige Übertreibungen meines Handelns, daß sie mir zur Lehre dienen könnten. Aber leider karikieren sie den seelischen Organismus und geben mir mehr Gründe zur Entmutigung als Mittel zur Selbstüberwindung. Denn niemand kennt meine Schwächen gründlicher als ich, und lese ich schon einmal einen gegen mich gerichteten Aufsatz, so sage ich mir, ich selber hätte besser gezielt, das Eisen wäre bis zum Heft eingedrungen und mir bliebe nichts anderes übrig als zusammenzusacken, die Zunge heraushängen zu lassen und in der Arena hinzuknien.

Man verwechsle die Intelligenz, die nur zur Täuschung der anderen taugt, nicht mit jenem Organ, das nirgendwo seinen Sitz hat und das uns in letzter Instanz über unsre Grenzen belehrt. Niemand vermag seine Grenzen zu überschreiten. Man würde die Anstrengung bald herausspüren. Sie würde die Enge des Raums, der unseren Sprüngen gezogen ist, nur noch deutlicher ersichtlich machen. Aber gerade an der Fähigkeit, sich in dieser Enge zu regen, erweist sich das Talent. Nur auf diese Weise schreiten wir fort. Und dieses Fortschreiten ist ausschließlich Sache des sittlichen Verhaltens, denn jeder unsrer Entwürfe überrascht uns völlig unvorbereitet. Wir können uns dabei nur auf Redlichkeit verlassen. Eine Mogelei zieht die andere nach sich. Dann lieber eine Unbeholfenheit! Das

Publikum wird sie zwar auspfeifen, aber es wird sie uns verzeihen. Mogeleien wirken auf die Dauer ernüchternd. Das Publikum wendet sich von uns ab, mit dem erloschenen Blick einer Frau, die geliebt hat und die nicht mehr liebt.

Darum habe ich mich befleißigt, meine Kräfte nicht mit Schulfuchserei zu verzetteln. Ich lasse tausend Fehler durchgehen und korrigiere sie schlecht, weil ich beim Durchlesen aus Bequemlichkeit nur dem Gedankengang folge. Ob das Selbstredende gesagt ist, daran liegt mir wenig. Ich beherrsche dennoch die Methode, die darin besteht, flink und straff vorzugehen, mit Worten haushälterisch zu sein, die Prosa zu entreimen, lange ohne Schützenmanieren zu zielen und dann ins Schwarze zu treffen, koste es, was es wolle.

Lese ich mich nach einiger Zeit wieder, schäme ich mich nur der Ornamente. Sie schaden uns, denn sie lenken von uns ab. Das Publikum schätzt sie, läßt sich von ihnen blenden und übersieht den Rest. Charlie Chaplin beklagte es einmal vor mir, daß er den Brötchentanz, zu dem ihn alle Welt beglückwünscht, nicht aus seinem Film *Goldrausch* herausgeschnitten habe. Er sah darin nur so etwas wie einen Flecken, der den Blick anzieht. Ich hörte ihn ferner (in bezug auf den ornamentalen Stil) sagen, er gehe nach jedem Film daran, den »Baum zu schütteln«. Man dürfe nur beibehalten, was an den Zweigen festsitzt, fügte er hinzu.

Häufig hängt die schmückende Zutat nicht von unserem Willen ab. Sie ist das Ergebnis eines Ausgleichs. Das Publikum nimmt das Gleichgewicht für oberflächlichen Zauber und als Tröstung dafür, daß ihm das Grundlegende nicht behagt. So liegt der Fall Picasso. Dieser umfassende Künstler setzt sich aus einem Mann und einer Frau zusammen.

Er ist der Schauplatz stürmischer häuslicher Szenen. Niemals wurde so viel Geschirr zertrümmert. Aber stets behält der Mann das letzte Wort und knallt die Tür hinter sich ins Schloß. Was jedoch von der Frau ausgeht, die Feinheit, die mütterliche Sanftmut, eine gewisse Prachtliebe, das dauert fort und erweckt die Nachsicht derer, die der Gewalt abgeneigt sind und dem Mann nicht zu folgen vermögen, wenn er das Haus verläßt.

VON ARBEIT UND LEGENDENBILDUNG

Begabt sein heißt irregehen, wenn man nicht zur rechten Zeit genügend achtsam ist, um seine Neigungen zu zügeln und nicht allen nachzugeben.

Wer eine Begabung in sich spürt, muß sich befleißigen, sie zu überwinden. Die Aufgabe ist mühsam, wenn er Pech hat und erst spät zu dieser Einsicht gelangt. Ich habe mein Leben damit verbracht und verbringe es noch immer damit, einer unseligen Glücksgabe entgegenzuarbeiten. Sie hat mir manchen Streich gespielt.

Darin klar sehen, ist eine verwickelte Sache, denn Begabungen schmiegen sich der ersten besten Form an, die sie vorfinden, und diese Form kann recht wohl die richtige sein. In meinem Fall war sie die falsche. Zu meiner Rettung habe ich mich so gründlich verfahren, daß nicht der geringste Zweifel bestehenblieb.

Von meiner Familie konnte ich keinen Beistand erwarten. Ihr Maßstab war der Erfolg. Sie widmete sich diesen Dingen aus bloßer Liebhaberei und wollte von allem einmal gekostet haben.

Raymond Radiguet verschlang während des Weltkriegs (den er »Die großen Ferien« nannte) in Parc-Saint-Maur an der Marne die Bücher der väterlichen Bibliothek. Wir waren die Autoren. Wir waren seine Klassiker. Wir ödeten ihn an, wie sich's gehört, und mit vierzehn Jahren träumte er davon, gegen uns aufzumucken. Als ich ihn bei Max Jacob kennenlernte, befreite er mich aus einer Sackgasse: wäre ich weiterhin Hals über Kopf vor mir davongelaufen, wäre ich eines Tages weiß Gott wo gelandet. Seine ruhige Art brachte mich zur Ruhe. Er lehrte mich die »hohe Methode«. Die Methode, den Dichter in uns zu vergessen und das Wunder sich von selbst erfüllen zu lassen. Aber sein Getriebe war neu. Das meine setzte Krusten an und knarrte.

Raymond Radiguet war damals fünfzehn Jahre alt. Erik Satie ging auf die sechzig. Die beiden Extreme brachten mir bei, wie man sein Licht leuchten läßt. Mein einziger Ruhmestitel ist, daß ich auf sie gehört habe. Erik Satie war unbeschreiblich. Das heißt, daß er sich einfach nicht beschreiben läßt. Von Vaters Seite stammte er aus Honfleur, mütterlicherseits aus Schottland. Honfleur vererbte ihm den Stil der Geschichten von Alphonse Allais, Geschichten voll verborgener Poesie und ohne jede Ähnlichkeit mit den landläufigen witzlosen Anekdoten.

Dem schottischen Erbe verdankte er eine gravitätische Exzentrizität.

Er sah aus wie ein Beamter mit Spitzbart, Zwicker, Regenschirm und steifem Hut.

Von Natur aus egoistisch, unnachgiebig, fanatisch, lehnte er alles ab, was nicht seinem Dogma entsprach, und raste wutschnaubend wider alles, was ihn davon abbringen wollte. Er war egoistisch, denn er dachte nur an seine Musik. Unnachgiebig, denn er stellte sich verbissen vor seine Musik. Fanatisch, denn er feilte unaufhörlich an seiner Musik. Und seine Musik war voll Zärtlichkeit. Also war auch er es auf seine Art.

Jahrelang kam Erik Satie des Morgens auf mein Zimmer, Rue Anjou 10. Er zog den Mantel (auf dem er nicht den leisesten Fleck geduldet hätte) und die Handschuhe nicht aus, behielt den bis zum Zwickerrand in die Stirn gezogenen Hut auf und legte den Regenschirm nicht aus

der Hand. Mit der freien Hand schirmte er den Mund ab, der sich beim Sprechen oder Lachen verzog. Er kam zu Fuß von Arcueil herein. Dort hauste er in einer Kammer, wo man nach seinem Tod alle Briefe seiner Freunde unter einem Berg von Staub wiederfand. Er hatte nicht einen einzigen geöffnet.

Er säuberte sich mit Bimsstein. Wasser benutzte er nie.

In jener Zeit, die von Musik überfloß, erkannte er das Genie Debussys, mißtraute aber seinem Despotismus (beide liebten und stritten sich bis zum Ende), kehrte seiner Richtung den Rücken und wurde an der Scola Cantorum der wunderliche Sokrates, den wir kannten.

Er schliff und feilte sich dort zurecht, grenzte sich ab, schmiedete sich ein Ausdrucksmittel und die Brunnenöffnung, durch die sich seine köstliche Begabung nur noch quellhaft zu verströmen brauchte.

Einmal frei, machte er sich über sich selber lustig, foppte Ravel, überschrieb die von Ricardo Viñes gespielten prachtvollen Stücke aus Schamhaftigkeit mit närrischen Titeln, die sogleich eine Menge mittelmäßiger Geister in die Flucht schlugen.

Das war Satie. Natürlich wäre es gefälliger gewesen, sich von den Wogen Wagners oder Debussys mitspülen zu lassen. Aber wir bedurften eines strengen Regiments, so unfaßlich es auch erschien. Jede Epoche erwehrt sich der Verlockungen. Denen des *Sacre* hatte ich schon im *Coq et l'Arlequin* aufgekündigt. Und in der Selbstbezwingung sollte Strawinsky in der Folgezeit uns alle übertreffen.

Erik Satie war mein Lehrmeister. Radiguet mein Examinator. Ihr bloßer Kontakt deckte mir ohne besonderen Hinweis meine Fehler auf, die mir nun bewußt waren, wenn ich mich ihrer auch nicht zu entledigen vermochte.

Sich heranformen ist nicht leicht. Sich umformen noch

schwieriger. Bis zu der *Hochzeit auf dem Eiffelturm* – meinem ersten ohne irgendeine Anlehnung geschaffenen und keinem anderen vergleichbaren Werk, in dem ich zu meiner Chiffre fand – habe ich das Schloß mit Gewalt aufgesprengt und dabei meinen Schlüssel nach allen Richtungen verbogen.

Orpheus, L'Ange Heurtebise, Opéra haben mich von solchen Schlichen und Kniffen geheilt. Freilich, man läßt sich rasch wieder verleiten, und ich habe noch manchen Fehltritt begangen, ehe ich dazu gelangte, mich in nichts mehr einzumengen, das heißt, mich nur mit dem zu befassen, was mich betrifft.

Wie fast alles, was mich ausmacht, stammt meine schlimmste Schwäche aus der Kindheit. Denn seither bin ich mit jener Sucht behaftet, die das Kind dazu verleitet, bei Tisch den Teller auf bestimmte Weise vor sich hinzustellen oder auf dem Gehsteig nur gewisse Pflasterrillen zu überspringen.

Mitten in der Arbeit stellen sich diese Symptome ein, zwingen mich zum Widerstand gegen das, was mich antreibt, nötigen mich zu einer absonderlich hinkenden Schreibweise, hindern mich auszudrücken, was ich sagen will.

Mein Stil nimmt dabei zuweilen eine eigenwillige Note an, die ich hasse, oder fällt plötzlich ab. Verkrampfungen, die mir physisches Unbehagen bereiten und die Ticks fortsetzen, denen sich das Kind insgeheim hingibt, um, wie es glaubt, das Verhängnis zu beschwichtigen.

Ich verspüre diese Symptome sogar jetzt, während ich sie beschreibe. Ich versuche, gegen sie anzukämpfen. Ich stoße mich an ihnen, verfange mich, verliere mich darin. Ich möchte den Zauber brechen. Meine Manie ist stärker als ich.

Mag ich mich auch rühmen, dem, was ich aus mir heraustreibe, einen Umriß verleihen zu können, so bin ich dazu doch so wenig imstande, daß die Kraft, die ich heraustreibe, sich mir widersetzt und bis zur Form ihres Umrisses über sich selbst bestimmt.

Solchem Ungemach bin ich beim Schreiben ausgesetzt, und so wird begreiflich, warum ich die Unterhaltung vorziehe.

Ich habe wenig Worte in meiner Feder. Ich bringe sie immer wieder an. Die Idee galoppiert voraus. Wenn sie anhält und zurückblickt, sieht sie mich weit im Hintertreffen. Sie wird ungeduldig. Sie läuft davon. Ich hole sie nicht wieder ein.

Ich lasse das Papier. Ich gehe an andere Dinge. Ich mache die Tür auf. Ich bin frei. Ja, leicht gesagt! Blitzschnell kommt die Idee zurück und wirft mich wieder an die Arbeit.

Diese Verbissenheit, mit der ich gegen Verkrampfungen ankämpfe, hat es mit sich gebracht, daß ich gänzlich verborgen bin hinter Tratschlegenden, von denen eine sinnloser ist als die andere. Unsichtbar auf Grund dieser Lügenmärchen und gerade deswegen auf monströse Weise sichtbar.

Die Welt wird einer Haltung, die sie verwirrt, bald überdrüssig. Es macht ihr Mühe, uns zu folgen. Sie dichtet uns eine Verhaltensweise an, und wenn wir uns ihr nicht bequemen, wird sie ärgerlich. Zum Aufbegehren ist's zu spät. »Gut schauen wir aus«, wie man zu sagen pflegt. Es ist gefährlich, dem Bild, das sich die Welt von uns macht, nicht zu gleichen, denn gutwillig geht sie von ihren Ansichten nicht ab.

Wo uns die Legende nicht zu packen vermag, da blüht und gedeiht sie am besten.

Beurteilt uns ein ausländischer Kritiker, hat er alle Aussichten, das Richtige zu treffen. Er kennt uns besser als unsere Landsleute, die sich die Nasen an uns plattdrücken. Der Raum spielt hier die Rolle der Zeit. Unsere Landsleute beurteilen das Werk von seinem Autor aus. Da sie ihn falsch sehen, urteilen sie falsch.

Der Hang zur Einsamkeit ist, wie man sagt, ein soziales Vergehen. Ich rücke nach jeder Arbeit aus. Ich mache mich auf die Suche nach einem neuen Terrain. Ich fürchte die Verweichlichung durch Gewohnheit. Ich will mich unabhängig von Techniken, von Anstelligkeit, ich will mich ungeschickt. Das heißt man einen Unberechenbaren, einen Abtrünnigen, einen Geistesakrobaten, einen Phantasten. Und zur Aufmunterung: einen Magier.

Ein Schlag mit der Zaubergerte und schon sind die Bücher geschrieben, schon läuft der Film, zeichnet die Feder, rollt das Theaterstück ab. Ist ja alles so einfach! Magier! Mit diesem Wort macht man sich's leicht. Überflüssig, sich ernsthaft mit unserem Werk zu befassen. All das haben wir ja nur aus dem Ärmel geschüttelt.

VON RAYMOND RADIGUET

Ich darf im Hinblick auf Raymond Radiguet sagen, daß ich schon bei der ersten Begegnung seinen Stern erkannt habe. Woran? Das frage ich mich selbst. Er war schmächtig, blaß, kurzsichtig; ungepflegte Haare hingen ihm über den Kragen, formten ihm Koteletten. Er schnitt Grimassen wie in der grellen Sonne. Er hatte einen hüpfenden Gang. Es schien, als wäre ein Gehsteig für ihn aus Gummi. Er kramte in den Taschen nach Zetteln aus Schulheftseiten, die er zu Kugeln zerknüllt hineingestopft hatte. Er strich sie mit der flachen Hand glatt, hielt sie dicht vors Auge und machte sich daran, von der selbstgedrehten Zigarette behindert, eines seiner sehr kurzen Gedichte vorzulesen.

Seine Dichtung ähnelte keiner anderen aus der Zeit, von der ich hier spreche. Eher widersprach sie der Zeit und leitete sich von keinem Vorgänger ab. Ihr hohes Feingefühl, die Einsamkeit der Worte, das Erfülltsein der Leere, die Aufgelockertheit des Ganzen waren, nebenbei gesagt, bis dahin in Frankreich gänzlich unbemerkt geblieben, und die zahlreichen Nachahmungen, die man heute an den Mann zu bringen versucht, haben noch nicht einmal die Bedeutung einer Karikatur.

Er gab alten Formeln die Jugendfrische wieder. Er entkrustete Schablonen. Er beizte Gemeinplätze ab. Machte er von ihnen Gebrauch, so schien es, als lege er Muscheln mit seinen ungeschickten Händen ins Wasser zurück. Das war sein Vorrecht. Er allein konnte darauf Anspruch erheben.

»Man muß preziös sein«, sagte er, und der Begriff »preziös« gewann in seinem Mund den Sinn von etwas äußerst Seltenem, den Wert von Edelsteinen.

Wir standen in beständigem Austausch. Er bummelte gern. Er wohnte bei seiner Familie in Parc-Saint-Maur, versäumte den Zug, ging zu Fuß heim durch den Park von Vincennes, und als Kind, das er war, hatte er Angst vor dem Löwengebrüll im Zoologischen Garten. Blieb er in Paris, schlief er bei Malern auf einem Tisch, zwischen Farbtuben und Pinseln. Er sprach wenig. Wollte er ein Bild, einen Text beäugen, holte er die zerbrochene Brille aus der Tasche und benutzte sie als Monokel.

Nicht nur, daß er sein erstaunlich neuartiges Verhalten erfand und es uns beibrachte, ein Verhalten, das darin bestand, kein originelles Wesen zur Schau zu stellen (kein neues Kostüm zu tragen, wie er sagte); nicht nur, daß er uns eine Allerweltsschreibweise anempfahl, weil sie der Originalität jeden Ausdruck verweigert – er war uns überdies ein Vorbild in der Arbeit. Denn dieser Faulenzer (den ich in seiner Stube einsperren mußte, um ihn zum Abschluß eines Kapitels zu zwingen), dieser schlechte Schüler von der Art derer, die durchs Fenster entwischen und ihre Schularbeit heruntersudeln (er nahm sie in der Folgezeit immer wieder von neuem vor), hockte später mit Chinesenfleiß über den Büchern. Er las eine Menge mittelmäßiger Machwerke, verglich sie mit Meisterwerken, kam immer wieder darauf zurück, füllte sie mit Notizen, Randbemerkungen, Tabaksbröseln und erklärte, der Mechanismus einer geglückten Arbeit sei unsichtbar, und so könne er nur aus solchen Büchern lernen, die als Meisterwerke gelten und es nicht sind.

Seine Zornesausbrüche waren selten, dann aber furchterregend. Er wurde leichenblaß. Jean Hugo und Georges

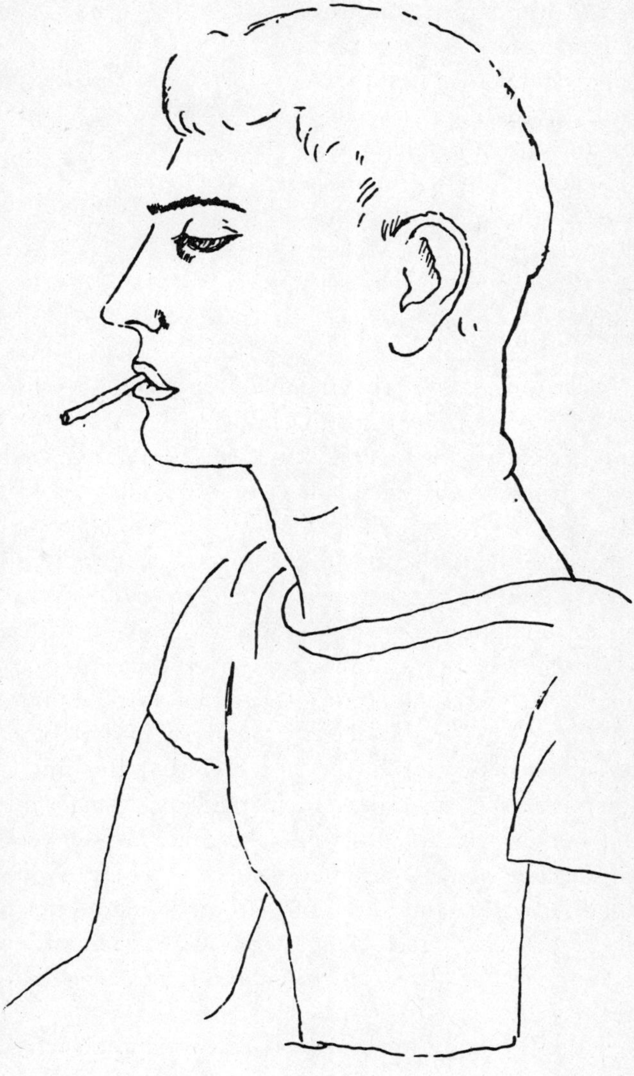

Auric werden sich gewiß noch an den Abend am Ufer der Bucht von Arcachon erinnern, als wir lesend um einen Küchentisch saßen. Ungeschickterweise erklärte ich, Moréas sei gar nicht so übel. Ich las seine Stanzen. Radiguet fuhr hoch, entriß mir das Buch, überquerte den Strand, warf es ins Meer und kehrte mit unvergeßlichem Mördergesicht an den Tisch zurück.

Seine Romane (vor allem, meiner Ansicht nach, *Le Diable au corps*), in ihrer Art so außergewöhnliche Erscheinungen wie die Gedichte von Rimbaud, haben durch unsre zeitgenössischen Enzyklopädisten keinerlei Förderung erfahren. Radiguet war ihnen zu frei. Er war's auch, der mir beibrachte, von nichts abzuhängen.

Zweifellos verfuhr er nach einem Vorsatz, einem langfristigen Plan. Eines Tages hätte er sein Gesamtwerk in Einklang gebracht und, dessen bin ich sicher, auch alle nötigen Schritte unternommen, um es herauszustellen. Er wartete auf seine Stunde. Der Tod nahm ihn zu früh hinweg.

Da mir das bißchen Klarsicht, das ich erlangt hatte, von ihm gekommen war, ließ mich sein Tod steuerlos und außerstande, mein Schiff zu lenken, und so blieb mein Werk künftig ohne Beistand, ohne Rat.

VON MEINER ERSCHEINUNG

Ein schönes Gesicht habe ich nie gehabt. Jung zu sein, ersetzte mir die Schönheit. Mein Knochenbau ist gut geraten. Fleisch und Muskeln passen sich ihm schlecht an. Ein Skelett verändert sich überdies auf die Dauer und nutzt sich ab. Meine einst gerade Nase ähnelt immer mehr der Hakennase meines Großvaters. Und als meine Mutter auf dem Totenbett lag, bemerkte ich, daß sich ihre Nase gebogen hatte. Zu viel innere Stürme, Schmerzen, Glaubenskrisen, mit harter Faust niedergehaltene Auflehnung, Schicksalsschläge haben meine Stirn gefurcht, zwischen den Brauen eine scharfe Falte gegraben, die Brauen gerunzelt, mir Tränensäcke unters Lid gehängt, die schmalen Wangen schlaff gemacht, die Mundwinkel abwärts gezogen, so daß ich, wenn ich mich über einen liegenden Spiegel beuge, sehe, wie sich meine Maske vom Schädelknochen ablöst und eine unförmige Form annimmt. Mein Barthaar wächst silbrig nach. Das Haupthaar wurde licht, blieb aber rebellisch. Die Folge ist ein widerspruchsvolles Strähnengewirr, das sich nicht kämmen läßt. Glattgestrichen gibt es mir ein klägliches Aussehen. Steht es zu Berg, scheint diese struppige Haartracht von einem affektierten Gehabe zu zeugen.

Meine Zähne stehen übereinander. Kurz, ich bin nicht groß und nicht klein, schmächtig und hager, mit Händen versehen, die man bewundert, weil sie schmal und sehr ausdrucksvoll sind, und auf solch einem Körper trage ich ein schnödes Haupt herum. Es verleiht mir fälschlich ein hochnäsiges Aussehen. Diese trügerische Steifheit kommt vom Streben nach Überwindung meiner Scheu, mich so zu zeigen, wie ich bin, und ihr rasches Dahinschmelzen von der Befürchtung, man könnte sie tatsächlich für Dünkelhaftigkeit halten.

Die Folge ist ein allzu jäher Übergang von der Zurückhaltung zum Herzenserguß, vom sicheren zum linkischen Gebaren. Haß ist mir unbekannt. Ich vergesse Ungezogenheiten so leicht, daß ich nicht selten meinen Widersachern zulächle, wenn ich ihnen plötzlich Auge in Auge gegenüberstehe. Ihre Verblüffung ist die kalte Dusche, die mich unsanft weckt. Ich weiß nicht, welche Haltung ich mir geben soll. Ich wundere mich nur, daß sie sich noch des Bösen entsinnen, das sie mir angetan haben und das ich längst vergaß.

Dieser angeborene Hang, nach dem Geist der Evangelien zu leben, entfremdet mich dem Dogma. Jeanne d'Arc ist mir der vorbildliche Autor. Der Form und dem Inhalt nach drückt sich niemand besser aus als sie.* Hätte sie sich auf einen Stil festgelegt, wäre ihre Aussage zweifellos platt geworden. So, wie sie ist, ist sie der verkörperte Stil, und ich lese ihren Prozeß immer und immer wieder. Meine andere Heilige heißt Antigone. Diese beiden Anarchistinnen entsprechen dem Wesensernst, den ich liebe und den Gide mir abspricht, dem Ernst, der mir eigen ist und der mit dem, was man üblich so bezeichnet, nichts gemein hat. Ich spreche vom Ernst der Dichter. Die Enzyklopädisten haben ihn

* Der von einer Minderheit verliehene Ruhm kann nur das Vorrecht der Künstler sein. Politiker können sich nicht darauf einlassen, doch kommt es vor, daß sie aus Stolz das Risiko auf sich nehmen. Ist die Mehrheit nicht einhellig, fühlen sie sich verletzt. Sie greifen dann auf eine Minderheit zurück, die unter ihrer Herrschaft gar nicht stark genug sein kann. Der Fall Jeanne d'Arc liegt anders. Die Wahl fällt für sie dürftig aus. Sie hat nur drei Stimmen für sich. Aber sie fallen ins Gewicht. Jeanne d'Arc ist Dichterin.

seit eh und je verächtlich abgetan. Sind sie, ohne sich's einzugestehen, auf ihn neidisch, dann kommt es ihnen nicht auf eine Freveltat an. Voltaire, Diderot, der Baron von Grimm posaunen eine Meinung aus, die alt ist wie die Welt und nur mit ihr vergehen wird. Sie stellt sich den Dichtern in den Weg und greift sie mit tückischen Waffen an, die viel Unheil unter den Lebenden anrichten.

Die Blutspuren dieser Menschenhatz führen von Rousseau bis zu Hume, mit dem das Jägerrecht zur Austeilung kommen sollte. Man glaube nicht, daß ein solcher Blutdurst sich einfach verflüchtigt. Irgendwie dauert er fort. In der Geschichte der Verfolgung wird Rousseau für immer ein Musterfall bleiben. Er litt an Verfolgungswahn. Aber man hatte ihm dafür allen Anlaß gegeben. Man kann dem Hirsch, den man hetzt, nicht verbieten, daß er Haken schlägt.

VON MEINEN FLUCHTEN

Für meine Scheu vor der Kirche, die mich Jeanne d'Arc zutreibt, sehe ich den Ursprung in ihrem Prozeß und in den *Provinciales*. Von jeher bestürzte mich ihre Lektüre und daß ein Kopf wie Pascal, mochte er auch den Standpunkt eines Gerechten vertreten, darin einwilligte, derartige Albernheiten unter die Lupe zu nehmen.

Mehrere Männer haben meine Scheu beschwichtigt, unter ihnen Jacques Maritain und Charles Henrion, denn die Achtung, die sie einflößen, zwingt die Seele aufs Knie. Was sie jedoch an Einmaligem in sich tragen, gehorcht sowohl einer Mehrheit wie einer engen, für sie als umfassend geltenden Regel, in die uns das Vertrauen, das wir ihnen entgegenbringen, hineinzieht und die uns allenthalben mit Grenzpfählen umstellt und umschließt. Als ich dieses Manövers, an dem sie ohne Berechnung teilnehmen, inne wurde, nahm ich die Beine unter die Arme, so schnell ich konnte, und suchte das Weite. Ihr Herz, mein Lebensglaube und meine Redlichkeit sind mir geblieben.

Der *Brief an Maritain** spricht von dieser Vertrauenskrise. Ich glaubte, aufs Konto Gottes überweisen zu dürfen, was man gemeinhin dem Teufel ankreidet. Ich spielte Strenge gegen Reinheit aus. Dabei bezog ich mich auf ein prachtvolles Wort Maritains: »Satan ist rein, denn er kann nichts anderes vollbringen als das Böse.« Ist aber Reinheit nicht Verweichlichung, die sich selbst erhöht, sondern Ausdruck

* [*Anm. d. Hrsg.:* Abgedruckt in dem Band »Kritische Poesie I« dieser Ausgabe.]

der Unteilbarkeit eines Wesens, warum sollten dann so viele ganzheitliche Wesen, die der Ablehnung durch die schlaffe Güte verfallen, nicht von der strengen Güte anerkannt, ja, ihr ausschließlich zugewiesen werden? Ich war naiv.

In den milden Händen der Priester platzt eine Bombe nur, wenn sie es wollen. Sie fingen die meine im Fluge auf und verwandelten sie, immer mehr mit Watte umpackt, in ein Beweisstück der Bekehrung, das heißt: in einen Musterfall. Meine Gegner sahen darin nur ein Abschwenken nach rechts. Dieser Schlag ins Wasser brachte mir nur eine Familienzugehörigkeit ein und den äußerlichen Halt, den die einen in einem Klüngel suchen, die anderen in der Kirche, in den Sekten, im Lehrerseminar, im Polytechnikum, im Auswärtigen Amt, in einer Partei oder im Kaffeehaus. Dieser Halt störte die mir liebe, alte Gewohnheit, mich nur auf mich selber zu verlassen.

Maritain hielt die Art, wie ich meinen Weg ging, für schwerfällig. Er wollte mir eine Straße weisen. Er verwies mich auf die seine. Leider besaß ich, um sie an seiner Seite zu gehen, weder die Engelsflügel noch den mächtigen geistlichen Auftrieb seiner als Leib verkleideten Seele. Meiner Beine beraubt, blieb mir nur Müdigkeit. Ich suchte mein Heil in der Flucht.

Gestern abend hörte ich einen jungen Hotelgast, Hauptmann seines Zeichens, von seinen Fluchterlebnissen in Deutschland und Spanien erzählen. Über London und Gibraltar nach Frankreich heimgekehrt, leidet er unter dem Alltagstrott, sehnt er sich nach dem abenteuerlichen Leben zurück. So stellt sich das Problem für eine ganze Jugend, die nichts weiß von inneren Kriegen, inneren Gefängnissen, inneren Fluchten, inneren Todesgefahren und Martern, für eine Jugend, die nicht weiß, was leben heißt, davon nur eine wesenlose Vorstellung besitzt und nicht zu leben wähnt, weil die Umstände ihr nicht mehr die Möglichkeiten bieten. Fräulein X. war ihrerseits Pflegerin im amerikanischen Heer. Die Frauen, die keine Verwundeten pflegen, findet sie empörend. Der geringste Komfort schockiert sie. Eine elegante Frau empfindet sie als Beleidigung. Sie ahnt nicht, daß es der Mutterinstinkt ist, der sie insgeheim lenkt, und daß sie ihn, da sie unverheiratet und kinderlos ist, nur auf andere Weise auslebt.

Daraus erhellt sich das ganze Unheil eines Krieges. Er stachelt die einen, wenn er sie schon nicht tötet, zu Kraftleistungen auf, die ihrer Art fremd sind, er gestattet den anderen zu tun, was die Gesetze verbieten, und schmiedet sie für das Abwegige zurecht. Er exaltiert Findigkeit, Mitleid, Kühnheit auf künstliche Weise. Eine ganze Jugend hält sich für hehr und erhaben und versagt, sobald es darauf ankommt, aus sich selber heraus vaterländisch zu handeln und das Leben zu bestimmen.

Diese vom Drama Ausgeschlossenen wären höchst überrascht, wenn sie dahinter kämen, daß die Leere, an deren Rand sie das Ende der tragischen Ereignisse gebracht hat, genauso von Ereignissen erfüllt ist wie sie selbst. Und daß es genügte, in sich hinabzusteigen und selber die Unkosten innerlich zu bestreiten, statt sie der Umwelt aufzuhalsen. Würde der Krieg über die Mittel belehren, wie man sich danach auf eigene Rechnung durchschlägt, so wäre er für sie eine harte Schule. Aber er bietet ihnen nichts als den Vorwand für ein angeblich gesteigertes Leben, so daß ihnen das wahre Leben wie ein Abgestorbensein erscheint. Als ich schrieb, daß ich nach dem Brief an Maritain die Flucht ergriff, so trifft diese Wendung buchstäblich zu. Genau wie der Hauptmann berichtete, so vollzog auch ich meine Flucht mit Herzklopfen, Angst, Ungewißheit, Geduld, Findigkeit. Und es war nicht meine erste und nicht meine letzte Flucht. Ich kann deren mehr als eine für mich buchen.

Jacques Maritain hatte mich des öfteren in der Klinik besucht, in der ich eine Entziehungskur durchmachte. Ich hatte, um unerträgliche Nervenschmerzen zu stillen, zum Opium gegriffen, das unsre Meister einst täglich unter der Bezeichnung Laudanum oder Opiat genossen haben. Nach dem Tod von Raymond Radiguet, den ich wie einen Sohn liebte, hatten diese Schmerzen so überhandgenommen, daß mir Louis Laloy in Monte Carlo zu diesem Palliativ geraten hatte. Opium ist lebendige Substanz. Es machte mich krank. Es hat nicht gern, daß man übereilt mit ihm umgeht. Erst nach ziemlich langer Erprobung kam es mir zu Hilfe. Aber es schläferte meine Antriebskraft ein, und mir bangte vor ihm. Meine zahlreichen Versuche, ihm zu entrinnen, meine Unschlüssigkeit, meine Rückkehr zu ihm, nach fünfmaligem Mißlingen mein Erfolg, den ich Dr. Lichnitz verdanke, das alles wäre der Mühe wert, des längeren erzählt zu werden. Aus wie vielen Zellen bin ich ausgebrochen, wie viele Wachtposten haben auf mich angelegt, in wie viele Festungen hat man mich zurückgeschleift, ehe ich wieder über ihre Mauern entrann!

Von meinem Auskneifen aus dem Gymnasium, meinem Entkommen nach Marseille und anderen Streichen abgesehen, fällt meine erste große Flucht ins Jahr 1912. Ich entstammte einer der Musik und der Malerei ergebenen Familie, für die das Schrifttum wenig oder gar nichts bedeutete. Mein Vater malte. Sobald ein Maler seinen Farbkasten öffnet, rieche ich Öl, sehe ich es vor mir. Mein Großvater sammelte ausgezeichnete Gemälde, Stradivarigeigen, griechische Büsten. Er veranstaltete Quartettabende. Er selber spielte das Cello. Ich zeichnete. Ich schrieb. Ich überließ mich blindlings den Begabungen, die, wenn sie sich nicht in einer Richtung sammeln, uns nur zerstreuen und wie eine schwere Blutkrankheit sind. Man lobte mich nach Gebühr. Ich stieß niemanden vor den Kopf. Ich war nur ein Epigone. Schließlich gelangte ich dahin, eine recht beträchtliche Anzahl von Leuten für mich einzunehmen und mich an meinen Irrungen zu berauschen.

Zweifellos hätte mich dieser Abweg geradewegs in die Académie geführt. Eines Tages begegnete ich Gide. Er bemängelte meine Schreibweise. Ich verkitschte sie durch Schnörkel. Ihm verdanke ich's, daß mir die Schuppen von den Augen fielen, aber für das, was dieser Einsicht vorausging, hatte ich teuer zu bezahlen. Wenige Leute lassen gelten, daß man zu sich selber finden kann. Sie bezichtigen uns der Fahnenflucht. Überläufer für die einen, verdächtig den anderen: das ist die Einsamkeit des Kalchas.

Im Verlauf dieser Krise spielte das Russische Ballett von Serge Diaghilew eine gewichtige Rolle. Es übersprühte Paris mit seiner Farbigkeit. Beim ersten Besuch einer Aufführung (man gab *Le Pavillon d'Armide*) saß ich auf dem Abonnementsplatz meiner Familie. Wie für alle, die nicht hinter den Kulissen leben, spielte sich das Ganze in weiter Ferne hinter der Rampe ab, in dem feurigen Dornbusch, darin sich das Theater in Flammen verzehrt.

Ich traf Serge Diaghilew bei Madame Sert. Von diesem Augenblick an gehörte ich zur Truppe. Ich sah Nijinsky nur noch von den Kulissen oder von der Loge aus, in der Diaghilew, hinter dem ragenden Reiherbusch von Madame Sert, die Tänzer durch ein winziges Perlmutterfernglas beobachtete.

Meine Erinnerungen daran sind zahlreich. Ich könnte

Bände darüber schreiben. Aber das ist nicht mein Anliegen. Nach dem Skandal des *Sacre* fuhr ich zu Strawinsky nach Leysin, wo seine Gattin zur Kur weilte. Dort beendete ich den *Potomak*, den ich unter den Augen Gides bei J.-E. Blanche in Offranville begonnen hatte. Nach Maisons-Laffitte zurückgekehrt, war ich entschlossen, mich den Flammen zu übergeben oder neu zu beginnen. Ich schloß mich ein. Ich geißelte mich. Ich prüfte mich auf Herz und Nieren. Ich beschimpfte mich. Ich brach den Stab über mich.

Ich ließ von mir nur Asche zurück. Da kam der Krieg. Er fand mich nunmehr in der Lage, seine Fallstricke zu vermeiden und darüber zu urteilen, was er bringt, was er nimmt und wie er uns von der nun anderweitig in Anspruch genommenen Torheit befreit. Ich hatte das Glück, ihn an der Seite von Marinesoldaten zu erleben. Unter ihnen herrschte ein unglaublich freier Geist. Ich schilderte ihn im *Discours du grand sommeil* (Rede vom großen Schlaf) und in *Thomas dem Schwindler*.

Wie gesagt, Paris bot freie Bahn. Wir nahmen es in Besitz. 1916 begann unsere Revolution.

Nach Strawinsky kam Picasso. Ich wußte endlich das Geheimnis, ohne dessen Kenntnis jede geistige Bemühung unfruchtbar bleibt. Es gibt eine Welt, in der ein Künstler findet, ehe er sucht, und in der des Findens keine Ende ist. Eine Welt, in der die Kriege Glaubenskriege sind. Picasso, Strawinsky waren die Feldherren.

Man mißt dem Begriff Genie zu viel Bedeutung zu. Man geht mit ihm zu haushälterisch um. Stendhal kennzeichnet mit ihm die Art, wie eine Frau einen Wagen zu besteigen verstand. So betrachtet, hatte ich Genie und herzlich wenig Talent. Mein Geist fand instinktiv das Zugespitzte heraus, vermochte aber nicht, selber zuzuspitzen. So wird begreiflich, was mir die Freundschaft mit den Schöpfern der *Demoiselles d'Avignon* und der *Noces* schenkte. Inmitten von Fehden, Zänkereien, Ketzerprozessen gebrauchte ich meine Ellenbogen. Ich suchte mich, glaubte mich erkannt zu haben, verlor mich aus den Augen, lief hinter mir her, holte mich außer Atem wieder ein. Kaum erlag ich einem Zauber, begehrte ich auch schon auf, um ihm zu widersprechen.

Daß die Jugend ungerecht vorgeht, ist nur gerecht. Denn unvermeidlich kommen die Jahre des Rückblicks herbei. Dann wendet man sich um und genießt, was man einst übersprang oder mit Füßen trat.

Die Periode, die 1912 begann und nur mit meinem Tod endet, wurde eines Nachts auf der Place de la Concorde von Diaghilew eingeläutet. Wir kamen vom Souper, das einer Aufführung folgte. Nijinsky schmollte wie gewöhnlich. Er ging vor uns her. Diaghilew spöttelte über meine Spötteleien. Als ich ihn daraufhin über seine Zurückhaltung ausfragte (ich war an Lobesergüsse gewöhnt), hielt er an, klemmte das Monokel zurecht und sagte: »Setze mich in Erstaunen!« Auf die Idee der Überraschung, so bezaubernd bei Apollinaire, war ich bis dato noch nicht gekommen.

Und ich setzte ihn in Erstaunen, an dem Abend des Jahres 1917, als die *Parade* zur Uraufführung kam.

Der wackere Mann war leichenblaß angesichts eines wutschnaubenden Publikums. Er bekam es mit der Angst. Er hatte allen Anlaß. Picasso, Satie und ich fanden den Fluchtweg hinter die Kulissen versperrt. Die Menge hatte uns erkannt, drang drohend auf uns ein. Ohne Apollinaire, seine Uniform und seinen Kopfverband hätten uns die mit Hutnadeln bewaffneten Frauen die Augen ausgestochen.

In jener Zeit hatte die *Josephslegende* von Hofmannsthal einen Riesenerfolg. Ich saß in seiner Loge. Nach dem zehnten Vorhang beugte sich Hofmannsthal zu Diaghilew und sagte: »Ich hätte lieber einen Skandal gehabt.« Und Diaghilew erwiderte auf die gleiche Weise, wie er mir »Setz mich in Erstaunen« zugerufen hatte: »Tja, aber ... so einfach ist das nicht!«

Vom Jahr 1917 an brachte mir der damals vierzehnjährige Raymond Radiguet bei, dem Neuen zu mißtrauen, wenn es nach neu aussieht, und den Moden der Avantgarde zuwiderzuhandeln. Dabei setzt man sich freilich zwischen zwei Stühle. Man ist der Rechten ein Ärgernis. Man ist der Linken ein Dorn im Auge. Aber mit Abstand gesehen, fallen ja alle diese Gegensätze unter ein und dasselbe Etikett. Muß scharf aufpassen, wer sich da durchwinden will. Die Jugend, die unsre Ruinen besichtigt, erblickt nichts als eine Stilart. Die sogenannte »heroische« Epoche trägt nur ihre Kühnheit zur Schau. Hier wirkt sich das Museum aus. Es ebnet ein. Ingres hängt neben Delacroix. Matisse neben Picasso. Braque neben Bonnard. Darüber hinaus war neulich bei einer Wiederholung des *Faust* die alte Gartendekoration, ein Werk von Jusseaume, dank dem Staub und den unbewußten Vergleichen zu einem prachtvollen Claude Monet geworden.

Die Jugend fragt nicht nach diesem Phänomen der Perspektive. Sie gelangt dahin nur durch die Gewißheit, daß ihre Werke den Rest überwiegen und keinen anderen vergleichbar sind.

VON FRANKREICH

Frankreich ist das Land, das sich selbst verlästert. Und das ist gut so, denn andernfalls wäre es das hochfahrendste Land der Welt. Wesentlich ist, daß es sich nicht sein eigenes Wesen vor Augen führt. Sich sein eigenes Wesen vor Augen führen heißt, sich unwirksam machen. Schwester und Bruder in meinem Roman *Kinder der Nacht (Les Enfants terribles)* geben sich nicht Rechenschaft über ihr Tun, wie ich ausdrücklich bemerkte. Hätten sie sich ihre poetischen Triebkräfte bewußt gemacht, wären sie Ästheten und würden, statt zu handeln, die Erleidenden sein. Nein! Sie sind sich zuwider. Ihr Zimmer widert sie an. Sie trachten nach einem anderen Leben. Zweifellos nach dem Leben derer, die ihnen nachbeten und so ihre Freiheiten aufgeben zugunsten einer Welt, die nur durch die Gewißheit existiert, daß diese Freiheiten anderwärts zu finden sind und daß man nicht eine einzige von ihnen besitzt.

Zuhause habe ich einen Brief von Musset, geschrieben in der an genialen Köpfen reichsten Epoche. Er klagt, es gäbe nicht einen Künstler, nicht ein Buch, nicht einen Maler, nicht ein Bühnenwerk. Die Comédie-Française, so sagt er, bräche unter ihrer Staubschicht zusammen und Madame Malibran trete in London auf, weil die Pariser Oper falsch singe. Noch jede Epoche Frankreichs ist so geartet gewesen, daß sie ihren Reichtum nicht erkennt, obwohl sie mit der Nase darauf stößt, und ihn immer anderweitig sucht.

Am wunderlichsten sind die Leute, die ihn mit Redensarten bestreiten wollen. »Größe, Lauterkeit, konstruktive Leistung!« So lautet der zeitgenössische Kehrreim. Unterdessen vollbringen sich Größe, Lauterkeit, konstruktive Leistung in einer Form, die ihnen unsichtbar bleibt und die sie als eine Schande für ihr Land empfinden würden. So richten die Kritiker über ein Werk und wissen nicht, daß sie von ihm gerichtet werden. Wer schuf Frankreichs Größe? Ein Villon, ein Rimbaud, ein Verlaine, ein Baudelaire. Alle diese Leute hat man vor den Kadi geschleift. Man wollte sie aus Frankreich verjagen. Man ließ sie im Spital verkommen. Ich spreche nicht von Jeanne d'Arc. In ihrem Fall zählt der Prozeß. Ihre Rechtfertigung stimmt trüb. Armer Péguy! Ich mochte ihn gern. Ein wahrer Anarchist. Was würde er dazu sagen, wie man heute seinen Namen ausbeutet?

Frankreichs Verhalten nach der Befreiung war eindeutig. Es nahm überhaupt keine Haltung ein. Konnte es, den Militärs ausgeliefert, anders handeln? Was wäre nötig gewesen? Der Welt zu sagen: Ich habe mich nicht schlagen wollen. Ich schlage mich nicht gern. Ich hatte keine Waffen. Ich will keine haben. Ich besitze eine Geheimwaffe. Welche? Kann ich, da sie geheim ist, darauf antworten? Und wenn die Welt nicht lockerläßt: *»Meine Geheimwaffe besteht in einer traditionellen Anarchie.«*

Das wäre eine kraftvolle Antwort gewesen. Ein Sphinxspruch. Um die starken Völker nachdenklich zu stimmen. »Überfallt mich nur! Auf die Dauer stecke ich euch doch in den Sack!«

Da wir uns für dieses chinesische Verhalten nicht entschieden und das Bramarbasieren vorgezogen haben – was bleibt uns nun noch? Ein Dorf zu werden, wie Laotse es rühmend empfiehlt. Um nichts beneidet zu werden, außer um das Unsichtbarsein, das umfassender ist als das Sichtbare und nur sich selbst verantwortlich.

Laotse kennzeichnet den idealen Herrschaftsbereich mit den Worten: Die Hähne vom einen Ende des Gebiets zum anderen krähen hören.

Sagt mir doch, was ist Frankreich? Ein Hahn auf einem Misthaufen. Ohne den Misthaufen stirbt der Hahn. Genau das tritt ein, wenn die Dummheit so weit getrieben wird, daß man den Misthaufen für einen Abfallhaufen hält.

VOM THEATER

Seit den Kindertagen und den Abfahrten von Mutter und Vater zur Theatervorstellung bin ich mit dem rot-goldenen Fieber behaftet. Nie wird es mir zur Gewohnheit werden. Jeder aufrauschende Vorhang versetzt mich in den feierlichen Augenblick zurück, als im Châtelet-Theater die *Reise um die Welt in achtzig Tagen* anhob und die von der Rampe getrennten Abgründe aus Schatten und Licht sich vereinten. Die Rampe überflammte den Fuß der Mauer aus Leinwand. Und da diese schwebende Mauer nicht den Bühnenboden berührte, erriet man durch die Spalte ein Kommen und Gehen und eine große Glut. Außer dieser Ritze war ein messingumringtes Guckloch die einzige Öffnung, die beide Welten miteinander verband. Hinreißend war der Zirkusgeruch. Und dann die enge Loge mit ihren unbequemen Stühlchen. Und wie in den Zimmern von Mena-House, dessen Fenster auf die Pyramiden hinausgehen, warf einem die kleine Loge unvermittelt das Meeresbrausen des Publikums ins Gesicht, den Ruf der Platzanweiserinnen: »Pfefferminz, Milchkaramellen, saure Bonbons«, die purpurfarbene Grotte und den Kronleuchter, den Baudelaire fürs Schönste am ganzen Abend hielt.

Das Theater, in dem ich arbeite, büßt auch auf die Dauer nichts von seinem Zauber ein. Ich bewahre ihm die Achtung. Es flößt mir Achtung ein. Es fasziniert mich. Es macht zwei aus mir. Ich bin in ihm zu Hause und werde zum Kind, das von der Hoheit der Kontrolle ermächtigt wird, das Reich der Schatten zu betreten.

Als ich *Die geliebte Stimme* und später *Renaud et Armide* der Comédie-Française überließ, wunderte ich mich, daß meine Kollegen diese Bühne wie irgendeine andere einschätzten und dort Stücke spielen ließen, die sie für gleichgültig welches Theater geschrieben hatten. Die Comédie-Française blieb in meinen Augen das Haus aus Marmor und Plüsch, das die großen Gestalten aus meiner Jugend noch immer durchgeistern. Gestern telefonierte mir Marais aus Paris, man habe ihm angeboten, dahin zurückzukehren, diesmal unter erstklassigen Bedingungen. Er bat um meine Ansicht und hoffte zweifellos, daß ich ihm abriet. Dazu hatte ich nicht wenige Gründe. Aber ich zögerte mit meiner Antwort. Der kindliche Respekt, den dieses Theater in mir wachhält, hatte mit der roten Capa gewunken. Blitzartig sah ich Mounet-Sully im Kostüm des jungen Ruy Blas von rechts nach links die Szene überschreiten. Er war alt. Sein Bart war weiß. Fast erblindet, den Kopf zwischen die Schultern gezogen, trug er einen Leuchter vor sich her. Und er schritt im Spanischen Tritt.

Ich sah vor mir de Max, wie er mit ringbesäter Hand die schwarzen Strähnen zurückwarf und die Schleierschleppe durch die Luft schwenkte. Ich sah Madame Bartet, wie sie, ein alter Vogel ohne Hals, die Andromache sang. Ich sah Madame Segond-Weber als Rodogune, wie sie vergiftet abging, mit heraushängender Zunge und im Stechschritt.

All das war kaum geeignet, einem jungen Mann Mut zu machen. Und dennoch zauderte ich, ihm anzuraten: »Lehne ab!« Auch als ich schon den Hörer eingehängt hatte, verschwanden die glorreichen Invaliden nicht in der Versenkung. Die Vernunft sagte mir: Dieser Schauspieler hat soeben in deinem Film gespielt. Er tritt in deinem Stück auf. Er wird dein nächstes spielen. Alle Welt reißt sich um ihn. Man zahlt ihm Höchstgagen. Er ist frei.« Die Einfalt wies hingegen auf das Kind, das ich war und das eine Logenschließerin mit rosa Schleife und grauem Schnurrbart am Donnerstag zu seinem Fauteuil führte, und es zeigte mir Marais, wie er in diesem Goldrahmen die Rolle des Nero spielt, in der ihn keiner übertrifft.

So bin ich nun einmal, jedem Zauber verfallen. Jederzeit zu verblüffen. Ich gehöre dem Augenblick. Er fälscht mir die Perspektiven. Er vereitelt mir die Vielseitigkeit. Ich gebe jedem nach, der mich zu gewinnen versteht. Ich halse mir Frondienste auf. Dann schleppe ich mich damit ab und komme mit nichts zu Rande. Darum ist mir die Einsamkeit so heilsam. Sie scharrt mein zersprengtes Quecksilber wieder zur Kugel zusammen.

Die Sonne, die herausgekommen war, verkriecht sich hinter Nebeln. Die buntscheckigen Familien ziehen ab. Das Hotel leert sich und ich kann an meine Ferienaufgaben gehen. Während einer Schreibpause suche ich nach dem Titel für mein Stück. Seitdem es abgeschlossen ist, macht sich der Titel unauffindbar. Und mich stört nun einmal der Titel *La Reine morte* (Die tote Königin), der ihm eigentlich zukäme. Meine Königin hat keinen Namen. Der Deckname von Stanislaw, nämlich Azrael, ist an sich gut, aber man wendet ein, er würde in der Erinnerung zu Israel werden. Ein einziger Titel ist möglich. Er wird der Titel sein, also gibt es ihn. Die Zeit enthält ihn mir vor. Wie soll ich ihn aus hundert anderen herausfinden? Ich muß in ihm formale Vorstellungen vermeiden. Muß dem Bildlichen ausweichen. Er darf nicht zu viel und nicht zu wenig sagen. Weder von genauer Bedeutung noch ungenau sein. Weder saftlos noch trocken. Nicht zu lang, nicht zu kurz. Er muß zum Auge, zum Ohr, zum Verstand sprechen. Muß einfach zu lesen und leicht zu behalten sein. Ich hatte mehrere Titel angekündigt. Ich mußte sie zweimal wiederholen, und die

les loges coulent

Journalisten schrieben sie trotzdem falsch auf. Der richtige Titel foppt mich. Er liebt sein Versteck wie das Kind, nach dem man ruft und das man im Teich ertrunken glaubt.*

Das Theater ist ein Schmelzofen. Den, der sich dessen nicht versieht, verzehrt es auf die Dauer, wenn es ihn nicht auf einen Schlag ausbrennt. Es dämpft den Übereifer. Es greift mit Feuer und Wasser an.

Das Publikum ist ein aufgewühltes Meer. Es macht uns seekrank. Anders gesagt: es versetzt uns in Lampenfieber. Man kann sich noch so sehr einreden, es komme vom Theater, es komme vom Publikum, aber dagegen hilft nichts. Man schwört, daß man sich nicht mehr darauf einlassen werde. Man kehrt immer wieder zurück. Das Theater ist ein Spielsaal. Man wirft sich mit Haut und Haar zum Einsatz hin. Die Folterqualen sind köstlich auszustehen. Dafür entflammt sich jeder, der nicht blasiert ist. Und davon kuriert man sich nie. Auf den Proben werde ich zum Zuschauer. Ich korrigiere schlecht. Ich liebe die Gaukler, und sie begaukeln mich. Ich höre etwas ganz anderem als mir selber zu. Am Tag vor der Aufführung sehe ich nur noch meine schwachen Stellen. Zu spät! Wie seekrank von Übelkeit befallen, durchwandere ich das Schiff, die Bunker, die Kabinen, die Gänge. Ich wage nicht, aufs Meer hinauszuschauen. Und noch weniger, darin einzutauchen. Ich habe das Gefühl, daß meine Anwesenheit im Zuschauerraum das Schiff zum Sinken brächte.

Da stehe ich also zwischen den Kulissen und spitze die Ohren. Hinter der Szenerie ist ein Stück nicht mehr gemalt: es zeichnet sich ab. Es deckt mir die Fehler der Zeichnung auf. Ich verlasse die Bühne. Ich ruhe mich bei meinen

* Es handelt sich um das Schauspiel *L'Aigle à deux têtes* (Der Doppeladler).

Schauspielerinnen aus. Was sie nach ihrem Seelenwechsel in der Garderobe zurücklassen, ist eine verhängnisvolle Leere. Ich ersticke darin. Ich spitze das Ohr. Bei welcher Stelle sind sie jetzt? Ich horche an den Türen. Dabei weiß ich recht wohl, daß dieses Meer seinen Gesetzen gehorcht. Seine Wellen heben und senken sich auf mein Geheiß. Ein anderes Publikum reagiert bei denselben Stellen. Aber kaum hält eine der Wirkungen länger an und schon geht der Schauspieler in die Falle. Der Angel des Lachens kehrt er nur ungern den Rücken. Das grausame Gelächter müßte ihn verletzen, es schmeichelt ihm. »Ich leide und bringe zum Lachen«, sagt er sich, »dabei kann ich nur gewinnen.« Die Angel ist rasch ausgeworfen und schnell erschnappt, der Autor aber ist vergessen. Das Schiff treibt steuerlos ab. Wenn der Schauspieler solchem Sirenengesang sein Ohr leiht, wird das Drama zum Melodrama, zerreißt der Faden, der die Szenen verband. Der Rhythmus ist zerstört.

Von weitem überwache ich meine Mannschaft nur schlecht. Imponderabilien entgehen mir. Was sollte ich noch ändern können? Es gibt Darsteller, die sich kontrollieren und ihre »Walze« ausfeilen. Es gibt andere, die auf der Bühne leben und die »Walze« zu überwinden trachten. Diderot sieht hierin zu oberflächlich. Er ist nicht vom Bau.

Ich kenne Autoren, die ihre Darsteller unter die Fuchtel nehmen und ihnen schriftliche Anweisungen zustellen. So erzielen sie Disziplin. Aber sie wirken lähmend. Sie verriegeln das Tor, das ein Windstoß aufsprengen kann.

Zwei große Darstellertypen begegnen sich auf den Brettern. Die besagten Autoren verhindern die einen, ihre schnurgerade Linie durch ein paar glückliche Funde zu bereichern, sie schrecken die anderen aus ihrer Trance auf. Ich selber verlasse mich auf die Chemie. Nur dabei entsteht das Rot und das Schwarz.

Beim Schreiben dieses Kapitels kommt es mir vor, als sei ich in der Garderobe meines Darstellers Marcel André, mit dem ich gern über solche Fragen plaudere. Yvonne de Bray und Jean Marais sind auf der Bühne. Beide haben die gleiche Veranlagung. Man fragt sich, aus welchen Triebkräften heraus sie einen Dialog so respektieren, so erleben, daß sie das Fehlen der vierten Wand ihres Zimmers völlig vergessen. Marcel André plaudert. Ich höre ihm zu. Ich lausche zugleich dem Schweigen des Hauses. Er hingegen lauert auf das Klingelzeichen, das ihn dem Spiel überliefert. Wir sind nur zu Hälfte da.

Köstliche Minuten, schmerzhafte Minuten, die ich um nichts in der Welt eintauschen wollte.

Warum schreiben Sie Stücke? So fragt mich der Romanschreiber. Warum schreiben Sie Romane? So fragt mich der Dramatiker. Warum drehen Sie Filme? So fragt mich der Dichter. Warum zeichnen Sie? So fragt mich der Kritiker. Warum schreiben Sie? So fragt mich der Zeichner. Ja, warum eigentlich? So frage ich mich selbst. Ohne Zweifel, damit mein Saatkorn überallhin fällt. Der Geist, der in mir atmet, ist mir unbekannt, doch zartbesaitet ist er nicht. Kranke lassen ihn kalt. Er kennt keine Müdigkeit. Er nutzt meine Anlagen aus. Er will sich aussagen. Nicht von Inspiration, sondern von Respiration müßte man sprechen. Denn dieser geistige Atem weht aus einer Tiefe des Menschen herauf, in die der Mensch nicht hinunterzusteigen vermag, selbst wenn Vergil ihn geleitete, denn auch Vergil stieg nicht in diese Gründe hinab.

Was soll ich mit Genie anfangen? Es will mich doch nur zu seinem Komplizen haben. Es sucht nach einem Vorwand für seine schlechten Streiche.

Strebt unser Tätigsein nach verschiedenen Seiten, dann

ist wichtig, daß wir die einzelnen Bemühungen nicht miteinander vermischen. Ich entscheide mich nie für ein Tätigkeitsfeld, ohne mich von allen anderen zu trennen. Ich »äste mich aus«. Es geschieht sogar selten, daß ich ein schriftliches Werk mit Randzeichnungen versehe. Darum habe ich die Zeichnungen, die sich auf meine Schriften beziehen, nicht mit ihnen zusammen, sondern gesondert veröffentlicht. Gebe ich sie als Illustrationen bei, so sind sie erst lange danach gezeichnet worden. Nur für *Die Farben der Erinnerung (Portraits-Souvenir)* zeichnete ich sie gleichzeitig. Die Aufsätze erschienen im Figaro, aber diese Art von Aufsätzen und Zeichnungen läßt sich mit der gleichen Tinte verfertigen.

Weniger noch könnte ich Theater und Film mit mehreren Zügeln gleichzeitig lenken, denn beide kehren sich den Rücken zu. Während ich meinen Film *Die Schöne und das Tier* zuschnitt, probte man im Gymnase mein Stück *Les Parents terribles*. Die Schauspieler beklagten meine Unaufmerksamkeit. Obwohl ich nicht mehr drehte, war ich doch Sklave einer Beschäftigung, bei der die Sprache optisch ist und sich nicht in einen Rahmen einspannen läßt. Ich gestehe, daß ich alle Mühe hatte, einem ortsgebundenen Text zu folgen und ihm meine Aufmerksamkeit zu widmen. Ist eine Arbeit abgeschlossen, muß ich warten, bis ich an eine andere gehen kann. Die abgeschlossene Arbeit läßt mich nicht so rasch los. Sie zieht höchst gemächlich aus. Dann ist eine Luft- und Ortsveränderung geraten. Das neue Material fliegt mir auf Spaziergängen zu. Allerdings darf ich dessen nicht gewahr werden. Mische ich mich drein, hört der Zustrom auf. Eines schönen Tages fordert dann die Arbeit meine Mithilfe an. Ich überlasse mich ihr ohne Verzug. Sie bestimmt darüber, wann ich innehalte. Wenn sie einschläft, entgleist meine Feder. Sobald sie aufwacht, rüttelt sie mich wach. Sie kümmert sich nicht um meinen Schlaf. Aufgepaßt, ruft sie, ich diktiere! Und es ist nicht leicht, ihr zu folgen. Ihre Vokabeln sind nicht Wörter.

In *Opium* erzähle ich von einer Freiheit, die ich mir während der *Kinder der Nacht* herausnahm. Vom Dahingleiten meiner Feder berauscht, hielt ich mich zu eigenen Erfindungen berechtigt. Und stracks stand alles still. Es blieb mir nur übrig, *höchstdero Belieben* abzuwarten.

Die Höllenmaschine benutzte einen anderen Dreh. Sie ließ mich während ziemlich langer Zeitspannen einfach im Stich. Sie wartete, bis andere Fieber aufgehört hatten, mich zu beschäftigen. Sie wollte mich ausschließlich für sich haben. War ich zerstreut, wandte sie mir den Rücken. *La Machine à écrire* ist eine Katastrophe. Schon als ich glaubte, die Stunde ihrer Niederschrift wäre gekommen, füllte mich eine andere Eingebung völlig aus und diktierte mir *La Fin du Potomak*. Ich wollte sie von neuem in Angriff nehmen. Ich nahm das Diktat falsch auf. Nach dem ersten Akt setzte ich meinen Kopf durch. Nachdem das Stück geschrieben war, versteifte ich mich darauf, es neu zu schreiben. Schließlich hörte ich auch noch auf gewisse Ratschläge und verdarb den Schluß. Dieses Stück dient mir zur Lehre. Ich werde niemals mein eigener Herr und Meister sein. Ich bin zum Gehorchen geschaffen. Auch von diesen Zeilen, die ich hier hinschreibe, wußte ich vor einer Woche noch nicht, daß ich sie heute zu schreiben habe.

Von allen Problemen, die uns verwirren, ist das Problem des Schicksals und des freien Willens das dunkelste. Man sagt, das Werk sei im voraus geschrieben, und uns obliege, es nachzuschreiben. Auch seien wir ermächtigt, seinen Abschluß zu ändern. Für mich lautet die Wahrheit anders. Die Zeit gibt es nicht. Sie erscheint als Falzstellen unsres

Daseins. Was wir nacheinander auszuführen glauben, ist schon in *einem* Guß geschaffen. Uns bleibt immerhin, es allmählich zu entdecken. Gerade diese Passivität der Teilnahme erregt Verwunderung. Mit Recht. Dem Publikum fällt es schwer, uns zu glauben. Ich entscheide und entscheide nicht. Ich gehorche und befehle. Darin liegt das große Geheimnis. *La Machine à écrire* war anfänglich kein schlechtes Stück. Das Fluidum ließ mich im Stich. Es gab mich frei. Aber ich habe nicht mehr die Freiheit, den einmal angerichteten Makel zu tilgen. Er besteht fort.

VON DIAGHILEW UND NIJINSKY

Ein Buch, mit dem ich im Sokrates-Prozeß, den die Zeit gegen uns anstrengt, als Zeuge aussage, ein solches Buch muß auch zwei freien Männern, die gelebt haben, um ihre Botschaft hinauszusenden, den geschuldeten Dank sagen.

Von Wuchs war Nijinsky unterdurchschnittlich klein. Er war eine einzige berufliche Mißbildung, an Seele wie an Leib.

Sein Kopf, von mongolischem Typ, war dem Körper durch einen überlangen, sehr starken Hals verbunden. Die Muskeln seiner Schenkel und seiner Waden spannten den Stoff der Hose und gaben ihm das Aussehen, als habe er nach rückwärts gerichtete Säbelbeine. Er hatte kurze, wie abgeschnittene Stummelfinger. Kurz, man hätte dieses kaum behaarte Äffchen, mit seinem Gehrock und dem ausbalancierten Hut auf dem Schädeldach, niemals für ein Publikumsidol gehalten.

Dennoch war er's und mit Recht. Alles in ihm war darauf eingestellt, von weitem im Scheinwerferglanz gesehen zu werden. Seine zu derbe Muskulatur wurde auf der Bühne schwerelos schlank. Seine Gestalt streckte sich (seine Fersen berührten niemals den Boden), seine Hände wurden zum Laub seiner Gesten, sein Gesicht strahlte wie verklärt.

Fast unbegreiflich bleibt eine solche Verwandlung allen, die sie nicht miterlebt haben.

Im *Spectre de la Rose*, in dem er sein ganzes Können zusammenfaßte, zeigte er sich von 1913 an mißgelaunt. Denn seine Choreographie des *Sacre* mißfiel, und es verdroß ihn, daß man das eine lobte und das andere auspfiff. In uns nistet die Schwere. Er aber trachtete unaufhörlich danach, sie zu überlisten, um sie zu überwinden.

Er hatte bemerkt, daß die Hälfte des Sprungs, mit dem er das Ballett *Le Spectre de la Rose* abschloß, sich den Blicken der Zuschauer entzog. So dachte er sich aus, den Sprung zu verdoppeln, sich dann hinter den Kulissen in der Luft einzurollen und senkrecht zu landen. Man empfing ihn dort wie einen Boxer mit warmen Handtüchern, Backenstreichen und Wasser, das ihm sein Diener Dimitri ins Gesicht spie.

Als wir in der Zeit vor der Premiere des *Faune* bei Larue soupierten, überraschte er uns mehrere Tage lang mit Kopfbewegungen, als leide er an einem steifen Hals. Diaghilew und Bakst wurden unruhig, fragten ihn aus, erhielten keine Antwort. Schließlich erfuhren wir, daß er sich fürs Tragen der Faunshörner einübte. Für dieses unablässige Studium, das ihn mürrisch und einsilbig machte, könnte ich tausendundein Beispiel anführen.

Im Hotel Crillon (Pfändungen trieben Diaghilew und ihn von einem Hotel zum anderen) warf er sich den Bademantel um, zog die Kapuze über den Kopf und notierte so seine Choreographien.

Ich wohnte der Ausarbeitung aller seiner Rollen bei. Seine Darstellung von Sterbenden war erschütternd. So der Tod von *Petruschka*, wenn die Marionette so tiefmenschlich wurde, daß uns das Wasser in die Augen schoß. So in *Schéhérazade*, wenn er die Bretter bearbeitete wie ein Fisch den Boden einer Barke.

Serge Diaghilew schien den kleinsten Hut der Welt zu tragen. Setzte man sich aber diesen Hut auf, ging er einem bis über die Ohren. Denn sein Schädel war so riesig, daß einfach keine genügend große Kopfbedeckung für ihn aufzutreiben war.

Der Spitzname *Chinchilla*, den ihm die Tänzerinnen anhängten, bezog sich auf die weiße Strähne, die er in seinem pechschwarz gefärbten Haar aussparen ließ. Er zwängte sich in einen pelzgefütterten Mantel mit Opossumkragen, und bisweilen hielt er ihn mit Sicherheitsnadeln zusammen. Er hatte die Gestalt einer Bulldogge und lächelte mit einem überstehenden Zahn wie ein ausgeschlüpftes Krokodil. Bearbeitete er diesen Zahn mit den Lippen, war es ein Zeichen des Vergnügens, der Besorgnis, des Zorns. So kaute er auf den Lippen, die ein Schnurrbärtchen überwölbte, wenn er vom Hintergrund der Loge aus die Tänzer überwachte, denen er nichts durchgehen ließ. Mit ihren abwärts geneigten Lidern hatten seine wässerigen Augen die Schweifung einer portugiesischen Auster. Dieser Mann durchreiste die Welt an der Spitze einer Tanzgruppe, die ebenso zusammengewürfelt, ebenso buntscheckig war wie der Jahrmarkt von Nischnij-Nowgorod. Sein einziger Luxus war, Ballettstars zu entdecken. So holte er die hagere, aufgeschossene, fahle Madame Rubinstein aus dem russischen Ghetto heraus. Nicht, daß sie etwa tanzte. Sie trat auf, zeigte sich, mimte, schritt über die Szene, ging ab und ließ es nur dann und wann (wie in der *Schéhérazade*) auf die Andeutung eines Tanzes ankommen.

Einer der Triumphe Diaghilews war, sie dem Pariser Publikum als Kleopatra vorzustellen. Sie wurde Antonius vorgeführt. Man brachte ein Stoffpaket auf die Bühne. Man wickelte es auf, entrollte es. Ihm entstieg Madame

Ida Rubinstein, mit so überschlanken Beinen, daß man glaubte, einen Ibis des Nils zu erblicken.

Ich zeichne diese Gestalten auf den Rand des Programms jener großen Feste, die für meine Theaterleidenschaft eine so entscheidende Rolle gespielt haben. Denn ein Wort über Vestris, über Talma kitzelt mir den Gaumen. Davon habe ich nie genug.

VOM WUNDERBAREN IN DER LICHTSPIELKUNST

Man macht viel Aufhebens vom Wunderbaren. Dabei müßte man sich erst einmal verständigen und herausfinden, worin es besteht. Wenn ich es erklären sollte, würde ich sagen: Es ist das, was uns hinaushebt über die Grenzen, in denen wir leben müssen, es ist wie eine wohlige Ermattung, die sich außerhalb des Bettes unserer Geburt und unseres Todes räkelt.

Man irrt, wenn man in der Kinematographie eine Kunst sieht, die diese Fähigkeit der Seele unmittelbar ins Werk zu setzen vermag. Der Irrtum rührt von einer voreiligen Verwechslung des Wunderbaren mit den Zauberkünsten her. Es ist nicht viel Wunderbares daran, wenn man eine Taube aus einem Zylinderhut hervorzaubert. Das erweist sich schon daran, daß diese Sorte von Hexerei käuflich ist und sich lehren läßt, und daß die Groschenmirakel den Moden gehorchen. Sie haben mit dem Wunderbaren nicht mehr zu tun als die Algebra, bieten aber davon einen leichtfertigen und gefälligen Abglanz, der den Geist weniger in Anspruch nimmt. Soll das etwa heißen, daß die Kinematographie nicht in der Lage ist, sich einer Waffe zu bedienen, die übers Ziel hinausschießt? Nein! Ist sie aber dazu fähig, so ist sie's mit der gleichen Berechtigung wie die anderen Künste, von denen man sie ausschließen will, weil man sie ihrer Jugend wegen verdächtigt, und dies in einem Land (nämlich Frankreich), wo man sie, außer um sie dem Land fernzuhalten, kaum in Erwägung zieht.

Die Lichtspielkunst ist fünfzig Jahre alt. Ich habe leider

die gleiche Anzahl von Jahren hinter mir. Für mich ist das viel. Aber es bedeutet herzlich wenig für eine Muse, die sich mit Hilfe von Phantomen ausdrückt und sich eines Materials bedient, dessen Entwicklung, im Vergleich zum Gebrauch von Tinte und Papier, noch in den Kinderschuhen steckt.

Es ist wahrscheinlich, daß die Aufforderung »Schreiben Sie doch etwas über das Wunderbare in der Lichtspielkunst!« auf die in zwanzig Jahren Abstand geschaffenen Filme *Das Blut eines Dichters* und *Die Schöne und das Tier* zurückgeht, in denen man gemeinhin jenen Vorwitz in Szene gesetzt sieht, der uns antreibt, verbotene Türen aufzuschließen, durch Dunkel zu tappen und dabei zur eigenen Ermutigung vor sich hinzusingen.

Der Film *Das Blut eines Dichters* ist jedoch nichts anderes als ein Hinabsteigen in sich selbst, er zeigt, wie man sich bei wachem Bewußtsein des Traumablaufs bedienen kann und mit einer ungeschickten, oft von irgendeinem Atem ausgeblasenen Kerze in die Nacht des menschlichen Leibes hineinleuchtet. Die Vorgänge reihen sich aneinander, wie es ihnen behagt, unter einer Kontrolle, die so geringfügig ist, daß sie sich nicht dem Verstand zuschreiben läßt, sondern vielmehr einer Art von Halbschlaf, die den ungebundenen Erinnerungen dazu verhilft, sich zu entfalten, zu kombinieren, zu verknüpfen und ihr Aussehen zu verändern, bis sie, unabhängig von unserem Bewußtsein, Gestalt annehmen und uns zum Rätsel werden.

Zur Ausübung dieser Fähigkeit, die weder zur Vernunft noch zu Symbolen Zuflucht nimmt, ist kein anderes Land weniger geeignet als Frankreich. Wenige Franzosen sind gewillt, das Außergewöhnliche zu genießen, ohne nach Anlaß und Zweck zu fragen und ohne es geflissentlich zu

Anlaß und Zweck zu fragen und ohne es geflissentlich zu zerpflücken. Sie ziehen vor, darüber zu sticheln und es höhnisch abzutun.

Das Symbol ist ihre letzte Zuflucht. Es läßt ihnen Spielraum. Es gestattet ihnen, auch das Unerklärliche noch zu klären und ihm einen verborgenen Sinn anzudichten, ein Verfahren, das etwas verspricht, was es nicht hält. »Wozu das? Machen Sie sich etwa lustig? Über wen machen Sie sich eigentlich lustig?« Das sind die Waffen Frankreichs gegen die erstmalige Gestalt, zu der ein hochgemutes Wesen gelangt, wenn es sich wider alles Erwarten bekundet und ein paar Wißbegierige stutzig macht.

Diese Handvoll Wißbegieriger steht bald unter dem Verdacht, in das gleiche Horn zu blasen. Eines Tages folgen ihnen dann blindlings die Snobs, die den Spürsinn der Könige geerbt haben. Daraus ergibt sich eine Mischung, der sich das Publikum versagt, weil es unfähig ist, einen neuen, aufkeimenden Konformismus, dem es morgen huldigen wird, an seinen Anzeichen zu erkennen. Ein Wunder bleibt so lange ein Wunder, als ein natürlicher Vorgang sich unserem Begreifen entzieht, und so ist das Wunderbare nicht etwa das Übersinnliche, das durch die von ihm erzeugte Störung der Ordnung abstößt, wohl aber das schlichte, menschliche, ganz und gar diesseitige Mirakel, das in einer nicht analysierbaren Ungewöhnlichkeit besteht, die es den Dingen und Wesen verleiht. Den Nachweis hierfür erbringt uns Vermeer van Delft.

Dieser Maler gibt zweifellos wieder, was er vor Augen hat, aber seine für jedermann wohlgefällige Exaktheit verweist uns auf das, worin er vom Gegenstand abweicht. Denn wenn er auch keinen Kunstgriff anwendet, um uns zu verblüffen, so ist unsere Überraschung nur um so größer angesichts gewisser Eigenheiten, die ihm seine Einzelgängerei einträgt und die uns jeden Vergleich seines Schaffens mit den Werken seiner Zeitgenossen untersagt. Ein Maler der gleichen Epoche malt mit der gleichen Unmittelbarkeit. Bedauerlich ist eben nur, daß seine Unmittelbarkeit kein Geheimnis aufschließt. Bei Vermeer ist der Raum von einer anderen als der dargestellten Welt erfüllt. Das Sujet seines Bildes ist nur Vorwand und Vehikel, mit deren Hilfe sich die Welt des Wunderbaren kundgibt.

Worauf ich hinauswollte, ist dies: Dem Wunderbaren, so wie ich es sehe, kann sich die Lichtspielkunst recht wohl verbinden, sofern sie nicht zu erzeugen vorgibt und sich mit der Rolle des Vehikels begnügt. Das Entzücken, zu dem bestimmte Werke hinreißen, rührt selten von einem Appell an die Tränendrüsen oder von einem Überraschungseffekt her. Es wird vielmehr, wie gesagt, auf unerklärliche Weise dadurch hervorgerufen, daß sich unvermutet eine Bresche auftut.

Diese Bresche wird sich in einem Film ebenso öffnen können wie in einem Trauerspiel, einem Roman, einer Verszeile. Das Entzücken wird nicht durch die Bereitwilligkeit ausgelöst, mit der sich der Film den Kunstgriffen leiht. Es beruht auf irgendeinem Lapsus, irgendeinem Nachlassen, irgendeinem unvermuteten Zusammentreffen von Aufmerksamkeit und Unachtsamkeit des Autors.* Warum sollte er denn anders vorgehen als selbst die Musen? Seine Begabung zur Täuschung von Auge und Geist läßt so oft auch seine hohe Berufung im falschen Licht erscheinen.

Die Kinematographie ist eine Kunst. Sie wird eines Tages nicht mehr die Sklavin der Industrie sein, für deren Geistesarmut sie genausowenig zur Rechenschaft zu zie-

* Und der Fähigkeit des Zuschauers, sich in Erstaunen versetzen zu lassen. Von nichts kommt nichts.

hen ist wie die Malerei und das Schrifttum für die schlechten Bilder und die schlechten Bücher.

Aber haltet doch den Film um des Himmels willen nicht für einen Magier! Mit diesem Wort bezeichnet man gewöhnlich einen Arbeiter, wenn man sich vor dem Eindringen in seine Arbeiten drücken will. Sein Privileg äußert sich nicht in Kartenkunststückchen. Es ist mehr als Gaukelei. Die ist nur seine Syntax. Dem Wunderbaren muß man anderwärts die Aufmerksamkeit erweisen. Weder *Das Blut eines Dichters* noch *Die Schöne und das Tier* sind magischer Art.

Die Personen des letztgenannten Films gehorchen den Gesetzen des Märchens. Nichts erstaunt sie in einem Universum, wo Dinge, deren geringstes den Ablauf unserer Welt stören würde, als durchaus normal gelten. Die Schwestern regen sich nicht darüber auf, daß sich das Halsband der Belle in eine alte Kordel verwandelt, sondern vielmehr darüber, daß diese Verwandlung durch ihre Berührung geschieht.

Und wenn das Wunderbare in meinem Film wirklich in Erscheinung tritt, so darf man es nicht von dieser Seite her erwarten; es zeigt sich vielmehr in den Augen des Tieres, wenn es zur Schönen sagt: »Ihr streichelt mich, wie man ein Tier streichelt«, und wenn sie darauf antwortet: »Aber Ihr seid doch ein Tier.«

Eine Faulheit im Richtertalar verurteilt an unseren dichterischen Leistungen das, was sie für unpoetisch hält, und unterbaut ihr Verdikt mit dem Hinweis auf den besagten äußeren Anschein des Wunderbaren, während sie taub bleibt für das Wunderbare, das seine Attribute nicht zur Schau stellt.

Wenn man die Feen erblickt, verschwinden sie. Denn sie nähern sich nur auf unentzifferbare Weise, wir erraten ihre Anwesenheit nur an der plötzlichen unverhofften Gunst vertrauter Objekte, in die sie sich verkleiden, um uns Gesellschaft zu leisten. Dann erst wird ihre Hilfe wirksam, nicht aber, wenn sie vor uns erscheinen und uns mit ihrem Glanz verwirren. Und dasselbe gilt auch für alles andere. In *Die Schöne und das Tier* ließ ich mich gar nicht erst auf diesen Abweg ein, den das Publikum immer überstürzter hinabsteigen will, ohne daß man ihm das Schwindelgefühl erspart.

Ich komme noch einmal darauf zurück: Um das Wunderbare und um die Poesie kümmere ich mich nicht. Sie müssen mich schon aus dem Hinterhalt überfallen. Auf dem Plan meiner Marschroute dürfen sie nicht vorgesehen sein. Glaube ich, daß eine an Schatten reiche Strecke mehr als eine andere geeignet sein könnte, ihnen ein Versteck zu bieten, dann umgehe ich sie. Denn es kommt vor, daß ihnen eine freie Straße im vollen Sonnenlicht weit besser dient.

Darum bin ich darauf erpicht, ebenso im Kreis der Schönen wie im Schloß des Tiers zu leben. Darum ist mir das Märchengebaren wichtiger als das Feenhafte an sich. Darum auch ist unter anderem die nicht als Phantasmagorie gedachte Episode mit den Tragsesseln im Hühnerhof meines Erachtens für solch ein Gebaren viel bedeutsamer als irgendein Zauberstückchen im Schloß.

In dem *Blut eines Dichters* fühlen sich unsere Richter vom Blut, das den ganzen Film über fließt, unangenehm berührt. Wozu soll es gut sein, so fragen sie, uns absichtlich anzuekeln und vor den Kopf zu stoßen? Das Blut, das uns anwidert, zwingt uns, den Blick abzuwenden, und verhindert uns, die Einfälle zu genießen (unter Einfällen verstehen sie: das Hineingehen in den Spiegel, die Statue, die sich bewegt, das schlagende Herz). Was aber, ich bitte Sie, verbindet denn diese Erschütterungen, die sie aufwecken, wenn nicht das Blut, das da fließt und nach dem der Film benannt ist? Was wissen sie denn vom Verströmen, sie, die sich nur an den Zwischenhalten ergötzen wollen? Und welchen Wert besäßen all diese »Einfälle«, wären sie nicht die Konsequenz einer Gesamtarchitektur und wären sie nicht durch das verbindende Blut vom gesamten Rest abhängig? Sie schlafen und nehmen an, daß auch ich schlafe und daß mein Aufwachen sie aufweckt. Ihre Abgestumpftheit verdammt sie dazu, aus einer Speise nur noch den Pfeffer herauszuschmecken. Sie spüren nur noch Pointen. Das raubt ihnen Besinnung und Sitzfleisch und treibt sie an, von Ort zu Ort zu hasten.

In *L'Eternel Retour** halten sie das Schloß der Liebenden für »poesiefähig«. Die Garage der Geschwister hingegen ganz und gar nicht. Sie schalten sie aus. Merkwürdige Dummheit! Denn gerade in der Garage läßt sich die Poesie am besten an. Begreift man die Verlassenheit von Bruder und Schwester und ihr eingeborenes, gewissermaßen organisches Verkennen der Gnade, so wird das Poetische tatsächlich wie mit Händen greifbar, und man ahnt erschreckende Mysterien der Liebe.

Das ist die Frucht einiger meiner Versuche, denen ich weiterhin obliege und die der einzige Gegenstand meiner Bestrebungen sind. Schon Montaigne sagte: »Die meisten Fabeln von Äsop haben mehrfachen Sinn und Begriff. Diejenigen, die sie auslegen, halten sich an diese oder jene Ansicht, die sich mit der Fabel zusammen schickt; aber meistens ist es nur die erstbeste Ansicht, die oberflächliche, und es gibt deren andere, stärkere, wesentlichere und tiefere, zu denen sie nicht vorzudringen vermochten.«

* [*Anm. d. Hrsg.: L'Eternel Retour*, Film von Jean Delannoy, zu dem Cocteau 1943 das Drehbuch geschrieben hat.]

VON DER FREUNDSCHAFT

Fürst Polignac erklärte: »Im Grunde genommen liebe ich die anderen nicht.« Als ihn seine Frau jedoch fragte: »Warum sind Sie so bedrückt?« und als er antwortete: »Ich liebe und werde geliebt« und hinzufügte: »Ach, es handelt sich nicht um die gleiche Person«, da entlarvte er seine Einsamkeit. Ich liebe die anderen und lebe nur durch sie. Meine Kugeln sind ohne sie verlorene Kugeln. Ohne sie schwindet meine Flamme. Ohne sie bin ich nur ein Schatten meiner selbst. Und bin ich meinen Freunden fern, suche ich nach dem geringsten Abglanz ihrer Freundschaft.

Dann halte ich mich bisweilen sogar an dumme, unkultivierte Leute. Ich falle auf die geringfügigste Liebenswürdigkeit herein. Wie aber soll ich mich unter solchen Umständen verständlich machen? Man begreift nicht, was ich sage. Ich muß also Mittel und Wege suchen, um verstanden zu werden. Gehe ich zu schnell vor? Kürze ich zu sehr ab? Sind die Buchstaben meiner Worte nicht fett genug? Ich suche. Ich finde. Ich spreche. Man hört auf mich. Ich tu's nicht, um in der Übung zu bleiben. Wohl aber aus Lust an menschlicher Fühlung.

Irgendwann einmal habe ich gesagt, ich verstünde mich besser auf Freundschaft als auf Liebe. Liebe beruht auf kurzfristigen Spasmen. Enttäuschen uns die Spasmen, schwindet die Liebe dahin. Es geschieht nur sehr selten, daß sie die Probe überdauert und zur Freundschaft wird. Freundschaft zwischen Mann und Frau ist schwierig und, genaugenommen, eine Abart der Liebe. Eine Verkleidung der Eifersucht. Freundschaft ist ein friedlicher Spasmus. Ohne Besitzgier. Das Glück eines Freundes beglückt uns. Es verdoppelt uns. Es entzieht uns nichts. Was daran Anstoß nimmt, ist nicht Freundschaft. Es ist Liebe, die sich verheimlicht. Ich glaube, mein beständiges leidenschaftliches Bedürfnis nach Freundschaft rührt daher, daß ich keine Söhne habe. Da sie mir vorenthalten blieben, erfinde ich mir welche. Ich male mir aus, wie ich sie erziehe. Aber ich werde bald inne, daß sie meine Erzieher sind. Außer daß die Jugend und ihre Gegenwart in unserem Haus uns ohnedies dazu anhält, niemals einen Schritt zu tun, der ihr nicht als Beispiel dienen könnte, verfügt sie über Waffen, die einem Kampf angemessen sind, für den unsere Waffen nicht mehr taugen. Wir können von ihr nur lernen. Sie hingegen kann sich nur wenig von uns aneignen. Später durchtränkt sie dann unser Fluidum und bereitet den Boden, auf dem sie sich entfaltet. Worte sind überflüssig. In meiner Schule hört man eine Stecknadel zu Boden fallen. Und dabei bin ich wirklich redselig.

Eine andere Sache ist's, Richtlinien zu geben, wenn man darum ersucht wird. Das ist allerdings nicht meine starke Seite. Ich komme dann leicht auf andere Dinge zu sprechen, und dadurch kann ich mich wieder nützlich machen.

Max Jacob sagte mir einmal: »Du hast keinen Sinn für Kameradschaft.« Er hatte recht. Das Wort, das Wilde zu Pierre Louys sprach, paßt besser auf mich. Da man es nicht verstand, verursachte es einen Skandal: »Ich habe keine Freunde. Ich habe nur Liebhaber.« Gefährliche Ellipse, wenn sie einem Polizisten oder einem Literaten zu Ohren kommt. Er wollte damit sagen, daß ihm alles zum Äußersten ausschlug. Was ihn selber dabei betrifft, so meine ich, daß er sich damit nur brüstete. Er hätte sagen sollen: »Ich habe nur Kameraden.« Und wäre ich Pierre Louys gewesen, hätte ich daraufhin noch mehr Argwohn geschöpft.

Wo könnte mir das Vergnügen der Kameradschaft blühen? Und wann sollte ich von Café zu Café, von Atelier zu Atelier ziehen, Arm in Arm mit Kameraden? Die Freundschaft füllt schon meine ganze Zeit aus, und ich widme ihr das Werk, das mich ihr vorübergehend entzieht. Sie, die Freundschaft, bewahrt mich vor der Angst, die der Mensch verspürt, wenn er altert.

Nicht Jugend ist's, was meine Freunde von mir begehren, und von der Jugend meiner Freunde interessiert mich auch nur der verbleibende Nachhall. Dabei findet jeder seinen Vorteil, geht jeder seinen Neigungen nach und versucht, des anderen würdig zu bleiben. Und so verstreicht die Zeit.

»Unser Kulturexperiment nahm ein trübes Ende«, sagt Verlaine. Ach, wie viele Schicksalsschläge habe ich hinnehmen müssen! Genug, um auf und davon zu laufen. Aber die Seele ist zäh. Sooft man auch ihr Nest zerstört, sie baut es immer wieder auf.

Das Flugzeug von Garros gerät in Brand. Er stürzt ab. Auf seinem Soldatenkoffer breitet Jean Le Roy meine Briefe fächerförmig aus. Er greift nach der Maschinenpistole. Er fällt. Der Typhus rafft Radiguet hinweg. Marcel Khill findet im Elsaß den Tod. Jean Desbordes stirbt in den Folterkammern der Gestapo.

Ja, ich weiß, ich warb um die Freundschaft von Menschen, deren Triebwerk zu schnell absurrte, sich auf dramatische Weise abnutzte. Von ihnen entfernt mich heute ein gewisser Vaterinstinkt. Ich wende mich jenen zu, die nicht unter dem schwarzen Stern stehen. Er sei verflucht! Ich verwünsche ihn. Und wärme in der Sonne mein altes Gebein.

VOM TRAUM

Ich erinnere mich an eine Behandlung mit Stickstoffoxydul bei Dr. B. Die Arzthilfe verabreicht es mir. Währenddessen wird die Tür geöffnet. Eine andere Angestellte tritt ein und beginnt einen Satz: »Madame...« Ich entgleite unserer Welt, nicht ohne die Überzeugung, daß ich dem Gas eine überlegene Bewußtseinsklarheit entgegensetze. Ich halte mich sogar für genügend unbezwingbar, um noch ein besonders geistreiches Wort anzubringen: »Achtung, Doktor, ich schlafe nicht!« Aber schon hebt die Reise an. Sie dauert Jahrhunderte. Ich erscheine vor dem ersten Tribunal. Es entscheidet über mich. Es gibt mich frei. Noch ein Jahrhundert. Ich erscheine vor dem zweiten Tribunal. Es entscheidet über mich. Es gibt mich frei, und so geht es weiter. Vor dem vierzehnten Tribunal begreife ich: jene andere Welt steht unter dem Zeichen der Vielheit, die unsere unter dem Zeichen der Einheit. Bei der Rückkehr werde ich einen Leib, einen Zahnarzt, eine Zahnarztlampe, einen Zahnarztsessel, einen weißen Zahnarztmantel vorfinden. Ich werde vergessen müssen, was ich erschaut habe. Ich werde alle Gerichte, vom letzten bis zum ersten, noch einmal durchzustehen haben. Und ich werde begreifen, daß sie dem keinerlei Bedeutung beimessen und daß ich nichts ausplaudern werde, weil alles meinem Gedächtnis entschwindet. Jahrhunderte fügen sich Jahrhunderten an. Ich kehre in unsere Welt zurück. Ich erblicke die wiederhergestellte Einheit. O Langeweile! Alles ist eins! Und ich vernehme eine Stimme nahe der Tür: »...läßt fragen, ob sie morgen zur Behandlung kommen kann.« Die Sprechstundenhilfe beendet ihren Satz. Nur den Namen der Patientin vernahm ich nicht. Da war ich gerade in der Zeit der Jahrhunderte, denen ich enttauche, im Raum meiner rasenden Fahrt. Das ist die Zeitraffung des Traums. Wir erinnern uns nur des endlosen Träumens, das sich am Rand des Erwachens im Bruchteil eines Augenblicks abspulte. Ich sagte schon, meine Träume hätten gewöhnlich den Charakter von Zerrbildern. Sie karikieren mich. Sie belehren mich über die nicht auszuwetzenden Scharten meines Wesens. Sie deuten auf die angeborenen Mängel, die nicht abzustellen sind. Ich habe diese Mängel geahnt. Der Traum offenbart sie mir im Bild von Handlungen, Gleichnissen, Reden. Daß es nicht allemal so verläuft, rede ich mir vielleicht nur deshalb ein, weil ich den Sinn nicht immer herausfinde.

Träume sind so lebhaft, daß sich ihre Schauplätze mit Objekten anfüllen, die uns am Tage zuvor noch unbekannt waren und von denen wir nun auf einen Schlag sämtliche, auch die geringsten Einzelheiten kennen. Immer wieder verblüfft mich, daß sich unser Traum-Ich im Handumdrehen in eine ganz anders geartete Welt versetzt sieht, während es sich selber gleichbleibt, an der Wandlung nicht teilhat und überdies nicht das geringste Erstaunen äußert, das es im wachen Zustand angesichts einer solchen Welt unweigerlich an den Tag legen würde. Wir selber verbleiben in einem anderen Universum, woraus zu schließen wäre, daß wir im Zustand der Narkose einem Reisenden gleichen, der plötzlich aus dem Schlaf hochfährt. Aber dem ist nicht so, denn die Stadt, in der er nicht zu sein wähnte, überrascht den Reisenden, während die Extravaganzen des Traums den wachen Menschen, der in Schlaf sinkt, keineswegs unvorbereitet finden. Der Traum ist folglich das normale Sein des Schläfers. Daher bemühe ich mich auch, meine Träume beim Erwachen zu vergessen. Die Traumhandlungen haben im Wachleben keinen Kurswert, und die Vorgänge des Wachzustandes haben für den Traum nur insofern Geltung, als er sie kraft seines Verdauungsvermögens in Exkremente verwandelt. In der Welt des Schlafs erscheinen uns diese Exkremente nicht als solche, ihre Beschaffenheit fesselt, ergötzt oder erschreckt uns. Würde man jedoch die Traumvorgänge ins Wachleben versetzen, das jenes Verdauungsvermögen nicht besitzt, so würden sie das Leben besudeln und uns den Atem benehmen. Dafür zeugen tausend Beispiele, seitdem man vor einiger Zeit diesen Ungeheuern Tor und Tür geöffnet hat. Im Traum nur Winke und Zeichen suchen ist etwas ganz anderes, als wenn man ihn wie einen Ölfleck ins wache Leben übergreifen und sich darin ausbreiten läßt. Glücklicherweise ödet uns die Traumerzählung der Mitmenschen derart an, daß wir davon abstehen, die eigenen Träume zum besten zu geben.

Sicher ist, daß der Falzvorgang, kraft dessen wir die Ewigkeit zu erleben vermögen, im Traum nicht wie im Leben vor sich geht. Irgendwie »entfalzt« sich dieser Umbruch. Dadurch ändern sich, erweitern sich unsere Grenzen. Vergangenheit und Zukunft existieren nicht mehr, die Toten stehen auf, Orte erbauen sich ohne Architekten, ohne Reisen, ohne die träge Schwerfälligkeit, die uns zwingt, im zeitlichen Nacheinander zu erleben, was uns das entfaltete Leporello-Album gleichzeitig vorführt. Die tiefgründige, luftige Schwerelosigkeit des Traums begünstigt überdies allerlei Begegnungen, Überraschungen, Bekanntschaften, mit einer Natürlichkeit, die unsere gefaltete (auf die Oberfläche eines Falzblattes projizierte) Welt nur dem Übernatürlichen zuzuschreiben gewillt ist.

Ich sage Natürlichkeit, denn eines der Kennzeichen des Traums ist ja, daß uns an ihm nichts in Erstaunen versetzt. Wir nehmen ohne Betrübnis hin, inmitten fremder Menschen zu leben, gänzlich von unseren Gewohnheiten, von unseren Freunden getrennt. Das ist's, was uns immer wieder beim Anblick eines schlafenden, uns lieben Gesichts verwundert. Wo weilt das Wesen, das diese Maske trägt? Wo lebt es sich nun aus und mit wem? Der Anblick des Schlafs erschreckt mich von jeher mehr als der Traum. Die Verse des *Plain-Chant* (Choral) gehen darauf zurück.

Eine Frau schläft. Sie triumphiert. Sie braucht nicht mehr zu lügen. Sie ist nun vom Scheitel bis zur Zehe eine einzige Lüge. Sie braucht über ihr Tun und Lassen keine Auskunft zu geben. Völlig diesen Ausschweifungen hingegeben, schürzt sie die Lippen, überläßt sie die Glieder der hemmungslosen Abtrift. Sie überwacht ihre Posen nicht mehr. Sie ist ihr wahres Alibi. Was könnte der Gatte, der sie beobachtet, ihr zum Vorwurf machen? Sie ist ja leibhaftig da. Wozu bedarf Othello noch des Taschentüchleins? Er braucht doch nur zuzusehen, wie Desdemona schläft. Das ist für einen Mord völlig ausreichend. Nun freilich, ein Eifersüchtiger kann nicht aus seiner Haut, er ist imstande, selbst nachher noch zu toben: »Und was tut sie mir jetzt bei den Toten an?«

Dem Schlaf enthoben, welkt der Traum. Er ist ein submarines Gewächs, das außerhalb des Wassers abstirbt. Er stirbt in meinem Bett. Sein Reich läßt mir keine Ruhe. Ich bewundere seine Erfindungen. Ich profitiere davon, um doppelt zu leben. Aber ich bediene mich ihrer nicht.

Was der Traum uns lehrt, ist die bittere Einsicht in unsere Begrenztheit. Seit Nerval, Ducasse, Rimbaud gab die

Durchforschung seines Ablaufs den Dichtern oft die Möglichkeit, die Grenzen zu überflügeln, unsere Welt behaglicher einzurichten, als der Verstand es uns vorschreibt, und die kausale Ordnung, zu der uns die Vernunft verdammt, durcheinanderzubringen, kurz, der Dichtung ein neues Gefährt zu schenken, das sie leichter und flinker dahinträgt.

VOM LESEN

Ich verstehe mich weder aufs Lesen noch aufs Schreiben. Und bei der Volkszählung möchte ich auf die diesbezügliche Frage am liebsten mit »Nein« antworten.

Schreiben – wer weiß, was das heißt? Wer sich ständig mit der Tinte herumschlägt beim Versuch, sich verständlich zu machen.

Sein Schreibwerk macht man entweder allzu tüftlig oder nicht genügend sorgsam. Selten gelangt man zu dem, was sich zwischen beiden hält und mit Grazie hinkt. Lesen ist eine andere Sache. Ich lese. Ich glaube zu lesen. Und beim Wiederlesen entdecke ich dann jedesmal, daß ich nicht gelesen habe. Mit den Briefen ist es ein wahrer Jammer. Man liest aus ihnen heraus, was man in sie hineinliest. Man gibt sich damit zufrieden. Man legt sie weg. Findet man sie später wieder, liest man Briefe, die man nie gelesen hat.

Bücher spielen uns den gleichen Streich. Entsprechen sie nicht unserer augenblicklichen Stimmung, halten wir sie für schlecht. Kommt uns ein Werk ungelegen, so urteilen wir abfällig, die Kritik drängt sich zwischen uns und das Buch und verhindert die unvoreingenommene Lektüre.

Der Leser will »sich selber lesen«. Findet ein Buch seine Zustimmung, so will er des Glaubens sein, er selber könnte es geschrieben haben. Zuweilen grollt er dem Buch sogar, weil es sich an seine Stelle setzt und ausspricht, was er so nicht hätte sagen können, ja, er redet sich ein, daß er es besser ausgedrückt hätte.

Je wichtiger uns ein Buch ist, desto schlechter lesen wir es. Unser Wesen fließt in das Buch über und erdenkt es auf unsere Weise. Wenn ich also lesen und mich davon überzeugen möchte, daß ich zu lesen verstehe, dann greife ich zu Büchern, in die mein Wesen nicht eindringt. In den Sanatorien, wo ich längere Zeit verbracht habe, las ich, was mir die Krankenschwester brachte oder was mir zufällig in die Hände geriet. Es waren die Bücher von Paul Féval, Maurice Leblanc, Xavier Leroux und zahllose Abenteuer- und Detektivromane, die mich zu einem aufgeschlossenen und anspruchslosen Leser machten. Bücher wie *Rocambole, M. Lecoq, Das Verbrechen von Orcival, Fantômas, Chéri-Bibi* versicherten mir: »Du verstehst zu lesen«, und gleichzeitig sprachen sie doch zu sehr meine Sprache, als daß ich nicht unwillkürlich eingegriffen und mein Geist sie nicht nach dem Maß seiner Beschaffenheit umgeformt hätte. Das trifft im allgemeinen so sehr zu, daß man aus dem Mund von Lungenkranken, die auf den *Zauberberg* von Thomas Mann anspielen, den Ausspruch vernehmen kann: »Ein solches Buch versteht man nur, wenn man selber lungenkrank gewesen ist.« Thomas Mann schrieb es aber, ohne je tuberkulös gewesen zu sein, er schrieb es ja gerade in der Absicht, die Schwindsucht jenen begreiflich zu machen, die sie nicht am eigenen Leib erfahren haben.

Wir alle sind krank und verstehen nur jene Bücher zu lesen, die von unserer Krankheit handeln. Daher rührt ja auch der Erfolg der Liebesgeschichten, denn jeder hält sich für den Auserlesenen, der als einziger weiß, was Liebe ist. Er sagt sich, das betreffende Buch sei nur auf ihn zugeschnitten. Was kann es denn anderes schon sagen? »Was für ein schönes Buch!« sagt der Mensch, den sie lieben, von dem sie sich geliebt wähnen und dem sie das Buch eilends zu lesen auftragen. Aber der Betreffende lobt das Buch ja nur, weil seine Liebe einem anderen gehört.

Man fragt sich, ob Bücher, die doch samt und sonders überzeugen wollen, eine andere Rolle zu spielen haben, als dem Leser einfach zuzuhören und beistimmend mit dem Kopf zu nicken. Bei Balzac kommt der Leser auf seine Rechnung. Das da ist mein Onkel, sagt er sich, das da ist meine Tante, mein Großvater, Madame X., mein Geburtsort. Was sagt er sich bei Dostojewski? »Das ist meine Unruhe, meine Leidenschaft, von der meine Umgebung nicht die geringste Ahnung hat.«

Und der Leser glaubt wirklich zu lesen. Der Spiegel ohne Folie täuscht ihm einen wahren Spiegel vor. Er erblickt darin, was hinter ihm vor sich geht. Wie sehr gleicht es dem, was er selber sich ausgemalt hat! Wie trefflich spiegelt es seine Vorstellung! Welche Übereinstimmung! Wie ausgezeichnet beide doch *reflektieren*!

So wie es in Museen gewisse Bilder gibt, die »Geschichte« machen, das heißt zum Auslöser von Geschichten werden, und von den anderen Gemälden wohl mit Widerwillen eingeschätzt werden (die *Mona Lisa, L'Indifférent,* das *Abendgebet* von Millet usw.), so gibt es auch Bücher, die Geschichten nach sich ziehen und deren Los sich von dem der anderen Bücher, mögen sie auch hundertmal schöner sein, deutlich unterscheidet.

Le Grand Meaulnes ist das Musterbeispiel solcher Bücher. Auch einem meiner Bücher, den *Kindern der Nacht*, wurde dieses Vorrecht zuteil. Diejenigen, die es gelesen und sich selbst herausgelesen haben, wurden dadurch, daß sie meine Tinte zu leben glaubten, zu Opfern einer Ähnlichkeit, die sie um jeden Preis aufrechterhalten mußten. Die Folge war eine erkünstelte Verwirrung und die vorsätzliche Verkörperung eines Sachverhalts, den man nur mit Ahnungslosigkeit entschuldigen kann. Ich erhielt zahllose Zuschriften des Inhalts: »Ich bin Ihr Buch«, »Wir sind Ihr Buch« usw. Krieg, Nachkrieg, der Mangel an Freiheit, der auf den ersten Blick einen gewissen Lebensstil unmöglich zu machen scheint – all dies entmutigt sie nicht.

Als ich dies Buch in der Klinik von Saint-Cloud verfaßte, dienten mir bestimmte Freunde irgendwie zum Vorbild, nämlich ein Geschwisterpaar, von dem ich annahm, daß es das einzige war, das in ähnlicher Weise lebte. In Anbetracht des dargelegten Prinzips rechnete ich nicht mit Folgen. Wer sollte aus diesem Buch »sich herauslesen«, so dachte ich mir. Noch nicht einmal diejenigen, mit denen ich mich darin beschäftige, denn ihr Charme beruht ja gerade darauf, daß sie über sich selbst nicht Bescheid wissen. Tatsächlich waren sie, so weit ich weiß, die einzigen, die sich in meinem Buch nicht wiedererkannten. Denn von den anderen, die ihnen gleichen (falls es sie gibt), werde ich ja wohl nie etwas erfahren. Dieses Buch wurde zum Brevier der manischen Schwindler und der Traumsüchtigen, die offenen Auges schlafwandeln.

Thomas der Schwindler ist eine Geschichte, aber kein Buch, das »Geschichten« heraufbeschwört. Während der Befreiungszeit wäre es jedoch beinahe ins Fahrwasser der *Kinder der Nacht* geraten. Zahlreiche junge Windbeutel verloren den Kopf, verstellten sich, wechselten den Namen und gaben sich als Helden aus. Ihre Kameraden wandten den Namen »Lügenthomas« auf sie an und berichteten mir von ihren Heldentaten, wenn die Gemeinten nicht selber davon fabelten. Sehr selten sind jedoch die Täuscher, die felsenfest an ihre Erfindungen glauben. Die anderen ertragen nicht, daß man sie entlarvt. Im übrigen liegen die Dinge recht einfach. Ein Buch zieht sofort oder niemals Geschichten nach sich. *Thomas der Schwindler* wird nie das Geschick der *Kinder der Nacht* teilen. Denn was sollte ein Schwindler mit einem Schwindler anfangen? Er wäre ja wie ein Engländer, der einen Engländer mimt.

Der Tod des Thomas de Fontenoy ist mythologisch. Ein Kind spielt Pferd und wird zum Pferd. Ein Schwindler liest die *Kinder der Nacht*. Er spielt Pferd und hält sich für ein Pferd.

VON MASS UND ZAHL

Mag sein, daß ich weiß, bis wohin ich zu weit gehen darf. Dieses Wissen beruht jedoch auf einem Sinn fürs rechte Maß. Und mit ihm bin ich herzlich wenig begabt. Ich bin vielmehr mit dem Sinn für Gleichgewicht ausgestattet, und im Grunde rühme ich mich seiner, denn er ist ja wohl nichts anderes als die Sicherheit des Schlafwandlers, der am Dachrand dahinspaziert. Er läßt mich im Stich, wenn man mich aufweckt oder wenn ich selber aus Dummheit mich aus dem Schlaf reiße, wie es vorkommt. Aber diesen Sinn meine ich nicht. Ich spreche vom Sinn fürs rechte Maß, mit dem ich mich ständig beschäftige, weil er mit den Methoden zu tun hat, von denen dieses Buch handelt, mit Methoden, die ich zur Kenntnis nehme, ohne mich eigentlich durchzufinden. Zahlen sprechen für mich eine tote Sprache, ebenso unverständlich wie das Hebräische. Ich zähle an den Fingern ab. Soll ich auf einem Zettel etwas ausrechnen, bin ich verloren. Die Rechenkunst ist mir ein versiegeltes Buch. Die Maße, über die ich verfüge, formen sich auf märchenhafte Weise in meiner eigenen Tiefe heraus. Nie lege ich etwas auf die Minutenzahl fest. Nie zähle ich meine Zeilen, nie meine Seiten und noch weniger meine Worte. Schreibe ich ein Stück, zwingt mir der Aktverlauf die Spannungskurve auf. Der Abstieg macht mir zwar einige Mühe. Aber dann sagt mir ein »Kling!«, daß der Aktschluß gekommen ist. Ich habe mich noch nie gefragt: »Ist's zu kurz geraten?« Was soll das überhaupt heißen? Die Entscheidung liegt nicht bei mir. Nachher stellt sich ja doch immer heraus, daß es so ist, wie es eben sein soll.

Damit ein Film Kasse macht, muß er mindestens zweitausendvierhundert Meter lang sein. Kein gutes Maß! Zu lang, um einer Novelle zu entsprechen. Zu kurz, um für einen Roman ausreichend zu sein. Aber dagegen ist nicht aufzukommen. Das festgelegte Maß zählt. Danach hat man sich zu richten. Als ich *Die Schöne und das Tier* drehte, hatte die Aufnahmeleitung nur die eine Sorge, der Film könnte zu kurz werden. Ich konnte noch so sehr auf meine eigenen Methoden verweisen, man hielt mir die Ziffern entgegen, und die haben nun einmal das Sagen. Der Film wurde immer kürzer. Die Gesichter wurden immer länger. Und ich fuhr unbeirrt fort.

Ein Film setzt sich aus langen und kurzen Sequenzen zusammen. Das entspricht einem inneren Rhythmus. Zahlen werden dieser Art von Rhythmus nicht gerecht. Die Rechnung des Buchhalters ging auf. Die meine auch.* Als ich am letzten Tag mein Scriptgirl nach dem Vergleich von Drehbuch (das ist die eine Sache) und Filmstreifen (das ist eine andere Sache) befragte, fand sie zu ihrer eigenen Verblüffung, daß die Rechnung aufging. Es blieben mir nicht mehr als zwei Sequenzen in Reserve. Und siehe da, ohne es zu wissen, hatte ich am Tag zuvor beschlossen, zwei zusätzliche Sequenzen zu drehen. Blieb freilich noch die zeitliche Länge des Films zu erwägen, die hinauszuziehen ich mich weigerte. Nach Schnitt und Montierung zusammengesetzt, hatte der Film seine zweitausendvierhundert Meter. Nicht einen zu viel, nicht einen zu wenig.

Wenn ich diesen Vorfall, bei dem ich offenbar aufs beste

* Zwei und zwei sind vier? Gustave de Rothschild pflegte zu sagen: »Zwei und zwei macht zweiundzwanzig.« Und zwei Stühle plus zwei Äpfel geben niemals vier.

abgeschnitten habe, hier erzähle, so geschieht's, um ein aus dem Leben gegriffenes Beispiel anzuführen, das Beispiel eines Sieges, den die uns innewohnenden Zahlen, die sich von allein zusammenrechnen, über die Arithmetik davongetragen haben. Poesie ist Zahl, Algebra, Geometrie, Rechenoperation und Rechenprobe. Aber ihre Ziffern und ihre Beweise bleiben unsichtbar.

Die einzigen Beweise, die der Dichter liefern kann, sind die hier angeführten. Die Buchhaltung schreibt sie einem Teufelspakt zu. Die Inquisition hätte uns dafür teuer bezahlen lassen.

Langes Werk braucht nicht lang zu sein. Kleines Werk kann groß sein. Das Maß, das sie bestimmt, geht von uns aus. *Adolphe* ist ein großes Buch. Proust ist kurz.

Man kann sagen, daß die Ziffern, die ich den Zahlen der Mathematiker entgegensetze, bei Marcel Proust, Boulevard Haussmann, geradezu in die Augen sprangen. Ein Bienenkorb von Ziffern. Man konnte ihre Geschäftigkeit durch eine Glasplatte beobachten. Man konnte sie fast mit Händen greifen. Das Schilderhaus aus Kork hinter der kupfernen Bettstatt, der Tisch mit Arzneifläschchen, einem Theatrophon (Art Fernsprecher, mit dem er bestimmte Theatervorstellungen anhören konnte), einem Stoß Schulhefte und, wie auf allen anderen Möbeln, einem Staubbelag, der niemals weggewischt wurde, und dann der mit lüstriertem Stoff umhängte Lüster, der Ebenholztisch im Dunkel, überhäuft mit Fotos von Kokotten, Herzoginnen, Herzogen und hochherrschaftlichen Lakaien, der Kamin mit dem erblindeten Spiegel und überall Sesselschoner, lauter Sesselschoner, und die von Asthmapulver wie von Grabesdünsten geschwängerte Luft – dieses von Jules Verne erfundene Zimmer war ein *Nautilus* voller Präzisionsapparate zur Berechnung unserer Ziffern, unserer

Zahlen, unserer Maße, und zwangsläufig begegnete man dort dem Kapitän Nemo höchstpersönlich: dem mageren, ausgemergelten Marcel Proust mit seinem Bart, der dem des toten Carnot glich.

Diesen schwarzen Kalifenbart ließ Proust ebensoschnell wachsen und wieder verschwinden wie die Provinzkabarettisten, wenn sie Staatsmänner und Orchesterdirigenten imitieren. Wir kannten ihn mit Bart und wir kannten ihn ohne Bart, so wie Jacques-Emile Blanche ihn porträtiert hat, eine Orchidee im Knopfloch und das Gesicht glatt und rund wie ein Ei.

Von Marcel Proust sprachen wir eines Abends im Beisein meines Sekretärs, der Autor und Werk kaum kannte. »Euer Proust«, sagte er unvermittelt, »euer Proust erinnert mich an den Bruder der Eingesperrten von Poitiers.« Verblüffender Vergleich! Er lieferte tatsächlich einen Schlüssel zur Wohnung am Boulevard Haussmann. Man sieht den Bruder ordentlich vor sich, seine hervorquellenden Augen, seinen vagen Blick, seinen Gendarmenschnauzbart, den steifen Kragen und den steifen Hut; er tritt ins Zimmer der Schwester und krakeelt, gemäß dem üblichen Ritus, mit Menschenfresserstimme: »Hoh! Hoh! Cela va de mal en pis! Das wird ja schlimm und immer schlimmer!« So muß die ewig wiederholte Phrase wohl gelautet haben, die das arme Mädchen in »Malempia« ummodelte, um sie seinen Hirngespinsten anzugleichen.* Wie hätte man nicht an die »liebe, gute, tiefe Höhle«, an die »geliebte kleine Grotte« denken sollen, wenn man das Zimmer betrat, in dem uns

* [*Anm. d. Hrsg.:* Cocteau bezieht sich auf einen spektakulären Fall, von dem André Gide in seiner Studie *La Séquestrée de Poitiers* berichtet: 1901 hatte man eine 52 Jahre alte Frau entdeckt, die 25 Jahre lang von ihrem Bruder und ihrer Mutter gefangengehalten worden war. Sie bezeichnete ihr Gefangenenzimmer mit dem rätselhaften Ausdruck »mon cher grand fond Malempia«, den Cocteau hier interpretiert.]

Proust empfing, in voller Kleidung, mit Kragen, Krawatte und Handschuhen auf dem Bett liegend, in Höllenangst vor einem Parfüm, einem Windhauch, einem Fensterspalt, einem Sonnenstrahl. »Mein lieber Jean«, erkundigte er sich, »Sie haben doch nicht etwa einer Dame, die eine Rose angefaßt hat, die Hand gegeben?« »Nein, Marcel.« – »Sind Sie dessen ganz sicher?« Und mit kläglicher Stimme, nur halb zum Spaß, erklärte er, daß der Satz aus *Pelléas et Mélisande*, wo vom Wind, der übers Meer daherstrich, die Rede ist, völlig ausreichen würde, um einen Asthma-Anfall auszulösen.

Quer übers Bett hingelagert, nicht zwischen den Austernschalen der Eingesperrten, sondern in einem Sarkophag aus dem Schutt von Seelen, von Landschaften, von allem, was ihm für Balbec, Combray, Méséglise, für die Comtesse de Chevigné, den Grafen Greffulhe, für Haas und Robert de Montesquiou nicht dienlich war, kurz, so steif hingestreckt, wie wir später, zum letztenmal, seine sterbliche Hülle ehrfürchtig vor uns sahen, neben dem Stoß von Manuskriptheften, der an seiner Linken weiterlebte wie die Armbanduhr gefallener Soldaten, so las uns Marcel Proust allnächtlich aus *Du côté de chez Swann*.

Diese Vorlesungen ergänzten das verpestete Durcheinander des Raums noch durch ein Perspektivchaos, denn Proust fing ganz einfach irgendwo zu lesen an, verblätterte sich, überschlug Seiten, begann von vorn, unterbrach sich, um auseinanderzusetzen, daß ein im ersten Kapitel zum Gruß gezogener Hut seine Deutung im letzten Band finden würde, und dann brach er hinter seinem Handschuh plötzlich in Gelächter aus, das ihm Bart und Backen verschandelte. »Zu dumm!« sagte er ein ums andre Mal. »Nein, ich lese nicht mehr vor. Wirklich zu dumm!« Seine Stimme wurde zu einer gehauchten Klage, zu einer weinerlichen

Leier von Abbitten, Verbindlichkeiten, Gewissensbissen. Es sei wirklich zu dumm. Er schäme sich, uns zum Anhören so törichter Dinge gezwungen zu haben. Er werfe es sich vor. Übrigens verstehe er sich eben nicht aufs Vorlesen. Er hätte nie damit anfangen sollen usw. Und als wir die Fortsetzung beschlossen hatten, griff er gereckten Arms nach dem Teufelsmanuskript, fischte wahllos eine Seite heraus, und wir platzten mitten in ein Kapitel über die Guermantes oder die Verdurins hinein. Fünfzig Zeilen später begann das Getue von vorn. Er stöhnte, kicherte, erflehte Nachsicht für sein mangelnden Lesetalent. Zuweilen stand er auf, zog das Jackett aus, strich sich durch das tintenschwarze Haar, das er sich selber stutzte und das ihm über den gestärkten Hemdkragen fiel. Er ging in den Ankleideraum hinüber, dessen fahles Lichtviereck in der Wand aufschimmerte. Da sah man ihn dann, wie er in Hemdsärmeln, mit seiner violetten Weste, mit seinem Oberkörper wie ein aufziehbares Spielzeug, stehend einen Teller in der einen Hand, eine Gabel in der anderen hielt und Nudeln verzehrte.

Rechnen Sie nicht damit, daß ich Proust jetzt auch noch auf seinen nächtlichen Streifzügen begleite und Ihnen davon berichte! Ich verrate nicht mehr, als daß sie in einer Mietdroschke Albarets, des Gatten von Céleste, vorgenommen wurden, in einem Fiaker, der geradewegs aus einer Nacht von Fantômas daherkam. Beim Morgengrauen kehrte er dann zurück, den pelzgefütterten Mantel um sich geschlagen, bleich, mit dunkel umränderten Augen, eine Literflasche Evian-Wasser in der Manteltasche, die schwarzen Haarsträhnen in der Stirn, den einen seiner Knöpfschuhe offen, den steifen Hut in der Hand, daherschwankend wie Sacher Masochs abgeschiedene Seele, so kam Proust von seinen nächtlichen

Streifzügen heim, aber er brachte Ziffern und Berechnungen mit, die ihm erlaubten, in seinem Zimmer eine Kathedrale zu erbauen und sie von wilden Rosen umblühen zu lassen.

Albarets Droschke sah bei Tag noch jämmerlicher aus als bei Nacht. Ein- oder zweimal im Jahr fuhr Proust auch am Tag aus. Eine dieser Ausfahrten unternahmen wir gemeinsam. Sie fand statt, um das Ehepaar Gustave Moreau bei Madame Ayem und danach den *Heiligen Sebastian* von Mantegna und das *Türkische Bad* von Ingres im Louvre zu sehen.

Kommen wir auf die Maße zurück! Ich halte mich so lange mit Proust auf, weil er den besten Beweis für meine Behauptung liefert. Selbst seine Handschrift auf den Schulheftseiten, die sämtliche Redaktionsmitglieder der *Nouvelle Revue Française* zusammenhefteten, auseinanderschnitten, wieder zusammenklebten und zu entziffern trachteten – womit war diese Handschrift zu vergleichen? Mit Ziffern, wie der Begriff »entziffern« bereits andeutet.

Durch ständiges Addieren, Multiplizieren, Dividieren in Zeit und Raum schloß Proust sein Werk mit der einleuchtendsten der Rechenproben ab. So kamen am Ende die Ziffern wieder heraus, mit denen sein Werk begonnen hatte. Und das ist der eigentliche Grund, warum er mich noch immer fesselt.

Denn schließlich verloren seine Verwicklungen an Reiz, seine Verdurins an Komik, die Charlus an Tragik, und seine Herzoginnen haben nicht mehr den Nimbus der Damen de Maufrigneuse und d'Espars. Aber seine Maße, die den Aufbau sichern, bleiben bestehen. Sie formen von Anekdoten freie Verwicklungen. Sie werden zum Werk. Sie sind ein Gerüst, das den Bau vergessen läßt.

Swann, Odette, Gilberte, Albertine, Oriane, Vinteuil, Elstir, Françoise, Madame de Villeparisis, Charlus, die Königin von Neapel, die Verdurins, Cottard, Morel, Rachel, Saint-Loup, die Berma – was haben mir diese Drahtpuppen noch zu sagen? Ich taste das Gestell ab, das sie uns greifbar macht, die Scharniere ihrer Begegnung, das kostbare Spitzengewebe ihrer Lebenswege. Das Gefüge der Organe fesselt mich weit mehr als der Wirrwarr der Gefühle, und das Flechtwerk der Adern mehr als das Fleisch. Ich habe den Blick des Zimmermanns auf das Königsschafott. Das Plankengerüst interessiert mich mehr als die Hinrichtung.

VON VERWUNSCHENEN HÄUSERN

Erfüllt nicht, wer will, sein Haus mit Mirakeln. Das hängt ab von Brand und Sturm. Ich habe Zeiten gekannt, da wollte das meine nichts von mir wissen. Es verweigerte mir seinen Beistand. Die Wände saugten nichts mehr in sich auf. Ihnen fehlten die großen Schatten des Feuers, der geflammte Glanz des Wassers. Je mehr mein Haus mich ausschied, desto mehr schied ich es aus. Der Mangel an Austausch bewirkte nur Ödnis. Keiner war mehr fähig, den andern ins Garn zu locken. Keine Schlinge, kein Wild. Ein Leben ohne Auftrieb. Meine Freunde spürten es bald heraus. Und sie zogen sich von mir genauso zurück wie die Wände meines Hauses. Ich mußte warten, bis die Ausströmungen sich wieder einstellten, sich durchkreuzten und jene explosive Mischung bildeten, von der unsere Häuser lohen. Denn sie ahmen uns nach und erstatten uns nur zurück, was wir ihnen geben. Ja, dieses Echo ist der Rede mächtig, und so verpflichtet es uns zum Dialog.

Die am meisten durchgeisterte von allen meinen Behausungen war die in der Rue Vignon. Sie lag fast an der Ecke der Place de la Madeleine, eine Dachwohnung, die keine einladende Miene machte. Aber sie war erfüllt von Sturm und Feuer. Ich könnte sie nicht beschreiben. Am erfülltesten an ihr war die Leere. Möbel und Gegenstände waren nicht eigens ausgesucht worden. Man sah sie nicht. Was man sah, war Leere, ein Speicher voll Leere, ein Müllkasten voll Leere, aber eine randvoll erfüllte Leere. Die Phantome standen dort Schlange. Eine so dicht gedrängte

Menge, daß keiner Platz zum Liegen fand. Und noch weniger zum ungewissen Umherirren. Ein Gedränge von Schatten hielt uns ständig auf den Beinen. Das Gros der Truppen besetzte mein Zimmer. Der Rest kampierte im Vorraum und bis auf die Treppe hinaus. Schulter an Schulter. Übereinander, in ganzen Trauben. Die einen auf dem Boden, die anderen an den Wänden, an der Decke. Ihr Getümmel äußerte sich als Stille. Der Besucher hatte dieses Zimmer gern. Außer dem Ganzen fand er nichts überraschend. Das Ganze aber richtete ihn auf, ließ ihn ungezwungen sein und aus sich herausgehen, schnitt ihn von der Außenwelt ab. Die unsichtbare Schar stand in meinem Dienst. Sie befaßte sich mit den Handreichungen, schürte die dramatischen Verwicklungen genauso, wie es nötig war. Es kam zu gräßlichen Auftritten. Die Leere geriet derart ins Wallen, daß man sich ans erstbeste herrenlose Ding anklammerte. Aber meine Truppen traten augenblicks an, erstickten die Flammen, traten die Funken aus.

Und selbst der wiedergekehrte Frieden sah aus wie die auf ihrem Sessel thronende Phädra.

Oft hörte man dort ein Lied von Marlene Dietrich. Das Lied, das so anfängt: »Leben ohne Liebe kannst du nicht.« Neulich speiste ich an ihrem Tisch. Ich bat sie um das Lied. Sie sang es. Das Restaurant wurde zu meinem Zimmer. Es leerte sich, verklärte sich. Und die Phantome von einst tauchten herauf. Und die Toten stiegen aus ihrem Grab.

Außer diesem Zimmer und dem von Proust und dem von Picasso, in der Rue Schelcher, hoch überm Montparnasse-Friedhof, dessen Leere von einer Menge von Dingen und Figuren bewohnt war, habe ich manche Häuser gekannt, an deren Verhexung unsre Phantome nicht mitwirkten. Sie waren Spukhäuser aus Gnaden der Narrheit ihrer Besitzer. Ihre Leere war mit einer anderen Sorte von Leere erfüllt, mit der Angst vor der Leere und einem krankhaften Drang, ihr zu entrinnen. Die Ausstattung spielte die Hauptrolle, und das seltsame Aussehen dieser Häuser war weit weniger auf das, was sie an Unsichtbarem enthielten, als auf die Anwesenheit der Dinge zurückzuführen.

Der gute Geschmack bringt niemals solche Ungeheuerlichkeiten hervor, und hätte Edgar Poe sich ein Haus eingerichtet, so wäre es zweifellos nicht nach dem Muster seiner Landhäuschen, sondern im Stil des Hauses Usher erbaut worden.

Wenn schon Häßlichkeit, dann lieber als den »guten Geschmack«, der mich niederdrückt, den grausigen Ungeschmack jener Frauen, die Bühnenkünstlerinnen ohne Bühne, Tragödinnen ohne Tragödie und zur Extravaganz vorbestimmt sind. So liegt der Fall der Kaiserin Elisabeth von Österreich oder der kranken Rachel, als sie nicht mehr auftreten konnte. Die Wunschträume dieser auf dramatische Begebenheiten versessenen großen Damen nehmen dann gewöhnlich als Ausstattungsprunk dingliche Gestalt an. Die eine praßt in englischer Gotik, in griechischen Prachttischen, Säulen, Gipsfiguren, die andere in Grottenwerk und Monogrammen, in verschnörkelten Paradebetten, die den Jugendstil vorwegnehmen in ihrer seltsamen Verschmelzung von Griechentempel und Synagoge, vom Antlitz des Antinous und jüdischem Profil.

Die Marquise Casati hatte ein solches besessenes Haus. Ehe sie es bewohnte, war es keineswegs verhext gewesen. Es war das ehemalige Palais Rose des Grafen Robert de Montesquiou.* Graf de Montesquiou war auf den Umgang mit

* In Le Vésinet.

Phantomen versessen. Er, der hoffärtig auf seinen Adelsprärogativen herumritt und erwartet hätte, daß Mohammed und der Berg zu ihm kämen, ausgerechnet er jagte jener Obergeschmacklosigkeit nach, die seine Werbungen in den Wind schlug. Seine malvenblauen Handschuhe, sein Korb voll Hortensien, seine Geheimniskrämerei und sein Junkerdünkel schlugen sie in die Flucht. Hoffte er, sie doch noch betören zu können, oder sah er die Vergeblichkeit seiner Werbungen ein? Er starb in Bitternis, und sein Haus ging in den Besitz der Marquise über.

Luisa Casati war einstmals brünett. Ihre große, knochige Gestalt, ihr Gang, ihre etwas hervortretenden Augen, ihr Pferdegebiß, ihr schüchternes Wesen entsprachen ganz und gar nicht dem konventionellen italienischen Schönheitstyp jener Zeit. Sie überraschte. Sie gefiel nicht.

Eines schönen Tages beschloß sie, ihren Typ auf die Spitze zu treiben. Es handelte sich für sie nicht mehr darum, zu gefallen, zu mißfallen oder aufzufallen. Sie wollte verblüffen. Sie entrauschte ihrem Ankleidezimmer wie einer Theatergarderobe. Sie war nunmehr rothaarig. Ihre Haarsträhnen sträubten und ringelten sich um ein so gesucht hergerichtetes Gorgonenhaupt, daß ihre schwarz untermalten Augen, ihr knallrot geschminkter Mund mit den starken Zähnen unverzüglich alle männlichen Blicke von anderen Augen und anderen Mündern abzog. Niemand sagte mehr: »Sie ist irgendeine.« Jedermann sagte sich: »Schade, daß eine schöne Frau sich derart anmalt!«

Ich nehme an, daß sie sich auch des langen und breiten mit ihren Kostümen abgab. Sie steckte in einem Verputz aus Goldstoffen, genau wie Isis Casati, die einen Saal des Palais Rose zierte und der wir 1945 bei José-Maria Sert begegneten.

Dabei denke ich an die Goldschleppen und Meßgewänder von Georgette Leblanc, die hinter Maurice Maeterlinck auf dem Fahrrad eine ansteigende Straße hinaufstrampelte. Naive Frauen, Trotzbietemaschinen, Prachtgestalten, die ihr das Gold auf euern Stoffen geliebt habt! Ihr habt niemals auch nur einen Heller auf die Seite gelegt.

Ihrer Theatergarderobe entschritten, heimste die Marquise Casati den Beifall ein, der sonst den berühmten Tragödinnen beim Betreten der Bühne zuteil wird. Blieb nur noch das Stück zu spielen. Aber es gab kein Stück. Das war ihr Schicksal, und deshalb wurde ihr Haus zu einem verwunschenen. Die Leere mußte um jeden Preis angefüllt werden, der Vorhang mußte ohne Atempause vor irgendeiner Aktschlußüberraschung niedergehen: vor dem Horn eines Einhorns, vor kostümierten Affen, vor einem mechanischen Tiger, vor einer Boa. Die Affen erwischten dabei die Schwindsucht. Das Horn des Fabeltiers überzog sich mit Staub. Der mechanische Tiger wurde von den Motten aufgefressen, die Boa segnete das Zeitliche. Und trotz dieses ganzen unseligen Trödelkrams kam keine Lächerlichkeit auf. Es blieb ihr kein Spielraum. Sie herrschte hingegen beim Grafen de Montesquiou. Denn Intensität kommt teuer zu stehen, selbst in einer frivolen Welt. Montesquiou sammelte die Intensität der anderen, und auch darin geriet er an die falsche Adresse. Wie sollte ich in diesem Zusammenhang nicht an die Schlußszene der *Fille aux yeux d'or** denken? Genau wie die Marquise von San Real, so putzt sich – in der Blutlache der ihren Wunschträumen geopferten Dinge und Tiere – auch die Marquise Casati mit Schwarz und Rot heraus, verkleidet sich, dreht sich im Kreis.

Diese Zeilen seien ihr ehrerbietig gewidmet. Ich stelle

* [*Anm. d. Hrsg.:* Erzählung von Honoré de Balzac.]

mir vor, daß sie, wo immer auch sie sich befinden mag, wie die Kaiserin Elisabeth das Messer zwischen den Schultern trägt.

Damit ein Haus zum verzauberten wird, bedarf es des Engagements. Die Marquise hatte sich auf ihre Art verpflichtet. Graf de Montesquiou hingegen ganz und gar nicht. Denn man kann sich auf allen Stufen der Leiter einer Sache verschreiben. Von oben bis unten.

Sartre hat da einen Hasen aufgejagt, der's in sich hat. Warum aber beschränkt er sich auf das sichtbare Engagement? Die Verpflichtung gegenüber dem Unsichtbaren führt ja viel weiter. Sartre schließt den Dichter aus, der sich nicht anders als auf Verlust engagiert. Meine Widersacher erkennen mir eine Freiheit zu, die mich verpflichtet – auf abwegige Weise, so sagen sie. Ich weiß, woran sie denken. Ans Opium, an Polizeirazzien usw. Was aber haben Opium und Polizeirazzien mit dieser Angelegenheit zu schaffen? Unser Engagement betrifft unsere Seele. Es besteht darin, sich selber nicht die geringste Bequemlichkeit vorzubehalten.

Ein verwunschenes Hotel war das Hotel Welcome in Villefranche. Allerdings haben wir es erst dazu gemacht, denn nichts hatte es im voraus dazu bestimmt. Es lag zwar in einer Arkadenstraße. Es gab dort zwar die Wälle von Vauban und die Kaserne, die am Abend die absurden Herrlichkeiten der Träume heraufbeschworen. Man sah zur Rechten auf Nizza, zur Linken auf Monte Carlo und seine verlogene Architektur. Das Hotel Welcome aber war ganz einfach charmant und hatte, wie es schien, nichts zu befürchten. Seine Zimmer waren mit Ölfarbe gestrichen. Die vorgetäuschte italienische Perspektive der Fassade hatte man mit gelber Farbe übertüncht. In der Bucht ankerten Flottengeschwader. Fischer flickten Netze und schliefen in der Sonne.

Mit Francis Rose fing die Geschichte an. Seine Mutter war Hellseherin. Im Speisesaal erhob sie sich bei Tisch, steuerte auf einen Herrn oder eine Dame los und weissagte ihnen die Zukunft. Sie trug Leinenkleider, die Francis mit Blumen bemalte. Er stand kurz vor seinem siebzehnten Geburtstag. Mit dem Diner zur Feier dieses Ereignisses begann's. Man hatte für mich einen roten Plüschsessel ans Tischende gerückt und vor meinen Teller eine Dante-Büste gestellt. Lady Rose hatte ausschließlich englische Militärs und ihre Gattinnen eingeladen. Gegen acht Uhr erschien ein seltsamer Aufzug am unteren Ende der Straße, die von der Stadt zum Hafen hinabführt. Francis, einen Kranz von Rosen um die Stirn, hatte Madame Isadora Duncan untergefaßt, die eine griechische Tunika trug. Sie war reichlich dick und überdies beschwipst, und wurde von einer Amerikanerin, einem Pianisten und einigen auf der Straße aufgelesenen Leuten eskortiert. Ihr Einzug löste das Entsetzen der Gäste und Lady Roses Ärger aus, die Fischer drückten sich an den Fensterscheiben die Nasen platt, Isadora versetzte mir Küsse, Francis prahlte mit seiner Krone – so begann das Geburtstagsessen. Über den zu Salzsäulen erstarrten Gästen schwebte tödliches Schweigen. Isadora brach in Gelächter aus, warf sich Francis an den Hals. Nicht genug damit, sprang sie auf und zerrte ihn mit sich nach einer Fensternische. In diesem Augenblick griff Captain Williams, Freund des Hauses, in die Handlung ein. Man war von ihm gewohnt, daß er Tauben und Kaninchen aus Sweater und Rockärmeln hervorzauberte. Er war eine ausgepichte Kehle. Ich nehme an, daß er auch an jenem Abend reichlich gezecht hatte. Er hielt einen Spazierstock in der Hand. Er durchquerte den Saal, hielt Kurs

auf das Fenster, donnerte aus Leibeskräften: »Nun aber genug, alte Schachtel, laß den Jungen los!« Und ließ den Stock aufs Haupt der Tänzerin niedersausen. Sie glitt ohnmächtig zu Boden. Alles begann mit diesem Stockhieb. Unsere Zimmer wurden von da an wie im *Blut eines Dichters* zu Theaterlogen, von denen aus wir künftig das Schauspiel von Schlachten zwischen Matrosen der französischen, englischen, amerikanischen Schiffe abrollen sahen. Christian Bérard, Georges Hugnet, Glenway Wescott, Mary Butts, Monroe Whiler, Philippe Lassell wohnten im gleichen Hotel. Es wurde gezeichnet, es wurden Pläne ausgeheckt, man besuchte sich von Zimmer zu Zimmer. Eine Mythologie wurde geboren, die im Stil des *Orpheus* wiederkehrt. Strawinsky wohnte in Montboron. Ich brachte ihm nach und nach die lateinischen Texte zu *Oedipus Rex*. Er komponierte das Oratorium je nach Eingang der Manuskriptseiten. Das Hotel bevölkerte sich mit jenen Unsichtbaren, die da kommen, wann immer es ihnen behagt, und die über uns wachen. Sie schürten Verwicklungen, den Rausch, das heilige Feuer.

Man erzählte mir, vom Hotel Welcome seien nur Mauern stehengeblieben.* Der endgültige Triumph der Leere! Es wird sicher wieder aufgebaut werden. Aber die Reisenden mögen sich vorsehen! Phantome bleiben von Bomben verschont. Das Hotel ist ein verwunschenes Haus.

* Unrichtig!

VON DEN SCHMERZEN

Es wäre logisch, wenn man Schmerz geduldiger ertrüge, solange man jung ist, da man ja für die erhoffte Heilung noch das ganze weite Leben vor sich hat. Nun machten mich aber Schmerzen in meiner Jugend weit ungeduldiger als heute. Dabei müßte ich mir eigentlich sagen, daß ich nicht viel Zeit vor mir habe und folglich Gefahr laufe, mich der Schmerzen, sollten sie anhalten, nie mehr zu entledigen. Ich stelle fest, daß mein gegenwärtiges Alter weniger dumm ist als das meiner Jugend und daß ich meine Beschwernisse besser ertrage, nicht weil ich etwa resigniert oder lebensmüde, sondern weil ich ausgeglichener bin. Und da ich keine Zeit mehr zu verlieren habe, sage ich mir ja wohl auch, daß ich die Drangsal meistern und die Verrichtungen, von denen sie mich abzuhalten trachtet, vorwärtsbringen muß. Und da ich außerdem von meinem persönlichen Dasein nur noch den seelischen Anteil einzusetzen habe, geht mir der leibliche Verfall auch weniger zu Herzen. Immerhin leide ich seit sechs Monaten Minute für Minute, sehe ich das Übel alle möglichen Formen annehmen und die ärztliche Kunst durchkreuzen, und dennoch bleibe ich rührig und beherzt. Diese Zeilen zu schreiben, erleichtert mich. Ja, wenn ich den Erinnerungen nachhänge, obzwar mir dies Buch empfiehlt, mich in dieser Hinsicht zu zügeln, so vergesse ich bisweilen völlig meine Pein, und dann glaube ich, nicht im Zimmer, in dem ich arbeite, sondern im Raum und in der Zeit zu leben, die ich beschreibe.

Da uns die Arbeit in Arbeit nimmt und wir hierfür reichlich unverantwortlich sind, so läßt sich sogar erwägen, ob es sich beim Zwang, dies Buch zu schreiben, nicht um eine unwillkürliche Selbstverteidigung gegen das Leiden handelt.

Ich habe die Menschen gern, deren Jugend schon das Alter ankündigt und deren Beschaffenheit uns auf das Aussehen, das sie dereinst haben werden, schließen läßt. Das Leben meißelt sie heraus, gibt ihnen den letzten Schliff. Vom Entwurf entwickeln sie sich, fest darin verankert, zu dem, was sie sein sollen. Mir wurde dieses Glück nicht zuteil. In mir schleppt die Jugend sich hin. Sie verdirbt, sie fixiert sich nicht. Und so sehe ich dementsprechend aus: teils wie ein ins Greisenalter verirrter junger Mann, teils wie ein Greis, der in ein Alter zurückfiel, das nicht mehr das seine ist. Manche mögen glauben, daß ich mich darauf versteife. Nichts liegt mir ferner. Schön ist's, wenn ein junger Mensch jung ist, ebenso schön ist das Alter um seines Alters willen. Überdies soll die Jugend sich in Wort und Blick offenbaren. Was mich verdrießt, ist meine falsche Jugend, die mich zu einem Gebaren veranlaßt, das man mir nicht zur Last legen kann, denn ich verabscheue die Verstellung, und wäre ich Herr meines Handelns, so würde ich die Rolle eines Alten spielen. Wenngleich ich mich entschieden habe, auf diesen Seiten nichts zu verschweigen, so wage ich doch nicht, die Naivität einzugestehen, die mir überall hinderlich ist und mich zu Fehlleistungen verführt, die ein Mensch meines Alters einfach nicht begeht. Nichts weiß ich vom Lauf der Welt, nichts. Der schlichtesten Wissenschaft stehe ich begriffsstutzig gegenüber, und wenn mich mein Name zur Anwesenheit bei Vorträgen meiner Kollegen verpflichtet, so schäme ich mich meiner Unfähigkeit, den Darlegungen zu folgen. Ein Greis, der die Augen schließt, mit dem Kopf nickt, eine Miene aufsetzt, als höre er das Gras wachsen, und sich dabei insgeheim sagt: »Ich bin der Esel des Kollegiums.« Ich hocke kritzelnd vor meinem Pult. Die anderen glauben, ich sei eifrig bei der Sache. In Wahrheit tu ich nichts.

Schmerzen haben ihr Gutes: sie rufen mich beständig zur Ordnung. Die endlosen Zeiten, in denen ich an nichts dachte und mich nur von Worten durchsegeln ließ, von Stuhl, Lampe, Tür und anderen Dingen, über die mein Blick glitt, diese langen Tage des Nichtseins sind vorbei. Zur Ablenkung von den quälenden Schmerzen überlasse ich mich dem Denken. Mit Descartes verglichen, gehe ich umgekehrt vor. Ich bin, also denke ich. Ohne die Schmerzen würde ich nicht sein.

Was erwartet mich am Ende meiner Marter? Werde ich ihren Abschluß erleben? Werde ich ihn überleben? Hat damit etwa das Elend des Alterns begonnen? Sind diese Symptome regelwidrig oder sind sie regelrecht? Daran denke ich, und das bewahrt mich vorm Aufbegehren und läßt mich mein Leiden in Geduld ertragen. Ich will mich nicht noch lächerlicher machen, indem ich mich für einen vor der Zeit hinfälligen jungen Mann halte.

Es ist ja möglich, daß ich eines schönen Tages ohne Gliederschmerzen aufwache und daß ich mich in meiner Diagnose gründlich getäuscht habe. Um so besser, wenn es so eintreffen sollte, aber ich ziehe es vor, kleingläubig zu sein. Ich bin von jeher Pessimist aus Optimismus gewesen. Ich erhoffte mir immer viel zuviel, als daß ich nicht einer Enttäuschung vorgebaut hätte.

Die Ärzte haben mir Gebirge und Schnee verschrieben. Das sei, so sagten sie, die einzig wirksame Arznei. Meine Mikroben würden bald wie weggezaubert sein. Ich habe ihnen nicht geglaubt. Diese Mikroben, mögen sie animalischer oder vegetabiler Art sein, sind mir ebenso unerreichbar wie die Sterne. Ich spüre sie. Sie kennen mich nicht. Ich kenne sie nicht besser, und das Mikroskop mustert mich, ohne sie zu erfassen, so wie das Fernrohr den Himmel durchspäht. Im Gegenteil, sie scheinen für Höhenluft und Schnee zu schwärmen. Ich habe davon bereits gesprochen. Ihnen behagt's, daß ich Bergluft atme, mich ausschlafe, daß ich esse, marschiere und zunehme. Sie zehren ja von mir, ich bin ihr Gott, den sie plagen, und Marcel Jouhandeau hat recht, wenn er sagt, die Menschen seien es, die Gott heimsuchen. Manchmal sage ich mir: »Gott denkt uns. Er denkt nicht an uns.« Unterdessen tummeln meine Mikroben sich aus. Und ich leide. Und ich denke. Und ich sage mir, daß Gott an seinen Welten leidet. Daß er an ihnen leidet auf immerdar.

So krank ich auch bin, ich schlafe. Der Schlaf betäubt mich. Beim Erwachen glaube ich nicht mehr zu leiden. Das dauert freilich nicht länger, als ein Blitz aufleuchtet. Ein zweiter Wetterstrahl setzt die Schmerzen wieder in ihre Rechte ein. In der vergangenen Nacht war der Schmerz so überwach, daß sich der Schlaf nicht durchzusetzen vermochte. Die Mikroben tobten sich in meiner rechten Hand aus. Berührte ich mein Gesicht, begegnete ich einer Maskenkruste, unter der sie gedeihen und blitzschnell nach allen Richtungen ausschwärmen. Jetzt sind sie auf meiner Brust angelangt. Dort zeichnen sie die rötlichen Konstellationen ein, die ich so gut kenne. Ich frage mich, ob dieses Volk der Finsternis nicht durch die Sonne aus Rand und Band gebracht wird und ob der gestrige Sonnentag nicht zu diesem Anfall beigetragen hat. Was für eine aufreibende Jagd! Und wie pfeilgeschwind ist dieses Wild! Die Ärzte verschreiben mir Waffen, die nicht töten. Salben, Alkoholisches, Impfungen. Ich gebe es auf. Zweifellos hilft mir nur der Tod, anders gesagt: ein Weltuntergang.

Außer den Schmerzen beunruhigt mich immer wieder das Größenverhältnis dieser Geschöpfe. Ich möchte wissen, wie lange ihre Jahrhunderte dauern, wie viele Generationen in diesem Zeitraum einander ablösen, ob sie unter einem König oder in einer Republik leben, ich möchte ihre Verkehrsmittel kennen, ihre Vergnügungen, ihren Baustil, den Ausgangspunkt ihrer Geschäftigkeit. Es ist unerträglich, der Wohnsitz einer Völkerschaft zu sein, deren Sitten und Gebräuche man nicht kennt. Warum rackerten sie sich heute nacht zwischen den Fingern meiner rechten Hand ab? Warum lassen sie diese Stelle heute morgen in Frieden, warum tummeln sie sich dafür in meiner Brust aus, die von meinen Fingern so unvorstellbar weit entfernt ist? Nichts als Rätsel, die mich betreffen und die mir meine Unwissenheit unter die Nase reiben. In der vergangenen Nacht war ich vielleicht das Schlachtfeld eines Hundertjährigen Kriegs. Auf unserer Erde tobt sich nur ein einziger Krieg aus. Die Welt hält ihn für mehrere Kriege. Die Atempause erscheint ihr als der Normalzustand des Menschen, das heißt als Frieden. Wahrscheinlich gilt das gleiche für meine Mikroben, meine Anfälle sind lange Gemetzel und die kurzen Ruhezeiten der Frieden. Von meinem Standpunkt aus betrachtet, herrscht ewiger Krieg. Unter ihrem Blickwinkel gesehen, handelt es sich um viele zusammenhanglose und von vielen Friedenspausen unterbrochene Massaker.

Letzte Nacht litt ich derart, daß mir zur Ablenkung von meinen Schmerzen nur der Schmerz selber verblieb. Ich sah mich gezwungen, ihn als einzig mögliche Zerstreuung zu nehmen, und das hatte seine guten Gründe. Er selber hatte es so entschieden. Er griff an allen Punkten geschlossen an. Dann ließ er seine Truppen ausschwärmen. Er schlug sein Feldlager auf. Er richtete es so ein, daß er nicht mehr an einem einzigen Punkt unerträglich wurde, sondern daß es an allen Frontabschnitten glimpflich abging. Genauer gesagt: da die Quälerei nunmehr aufgeteilt war, wurde sie nur noch als Ganzes unerträglich.* Ein Zustand, der gleichzeitig erduldet werden mußte und nicht auszuhalten war. So wie das Orgelwerk, das durcheinandergerät und dessen Schlußakkord nicht wieder aufhört. Ein üppiger Schmerz, ein stattlicher, strotzender, selbstherrlicher Schmerz. Ein in sich ausgeglichener Schmerz, dem ich mich um jeden Preis anzugleichen hatte.

Somit oblag mir, diese Anpassung nach und nach durchzuführen. Die geringste Auflehnung hätte nur dazu führen können, ihn anzustacheln und seinen Ingrimm zu schüren. Als sein Vorrecht mußte ich seinen Sieg hinnehmen, seine Rotten und seine Sappen, seine Zelte und seine Heerlager, seine Schläfer und seine Biwakfeuer.

Gegen neun Uhr schloß er seine Vorbereitungen mit Aufmärschen und strategischen Schwenkungen ab. Um zehn war alles geregelt. Die Stellungen waren bezogen.

Heute morgen scheint er es bei dieser Bereitschaft bewenden zu lassen. Aber die Sonne zeigt sich zum zweitenmal, seitdem ich im Gebirge hause. Was tun? Soll ich die Sonne vermeiden oder sie als Geheimwaffe gegen die eingeschlafene Armee einsetzen? Soll ich den Feind überrumpeln? Soll ich ihn schlafen lassen?

Bei sinkender Sonne ließ ich es auf den Überfall ankommen. Tatsächlich geriet das Mikrobenvolk in Bewegung. Hatte es in seiner Nacht Furcht vor dem roten Himmel, zu

* [*Anm. d. Hrsg.:* Ich folge hier dem Wortlaut der Erstausgabe: »l'intolerable étant distribué, il ne le devenait plus que par son ensemble«. In späteren Ausgaben findet sich »ensemble« durch »exemple« ersetzt. Das legt dem Verständnis jedoch einige Steine in den Weg; wörtlich übersetzt hieße der Satz dann: »Da das Unerträgliche aufgeteilt war, wurde es nur noch durch sein Beispiel unerträglich.«]

dem ich wurde? Auf den Straßen entstand ein fürchterlicher Wirrwarr, ein Gedrängel von Mannschaften und sich bäumenden Tieren. Der Schmerz wechselte den Standplatz, wurde schneidend, beschwichtigte sich wieder, flatterte anderswohin. Meine Augenlider quollen auf, Fältchen bildeten sich, die Tränensäcke schwollen an. In meinen Achselhöhlen schien ein ganzer Völkerstamm Zuflucht zu suchen.

Die ärztliche Kunst erweist sich diesen unerklärlichen Vorgängen gegenüber als machtlos. Es muß gelitten sein, bis sich die Krieger selber umgebracht haben, bis die Rasse sich erschöpft hat, bis nichts mehr übrigbleibt als ein Trümmerfeld. Wie bei den Menschen, so gibt es auch hier kein Mittel gegen den Rausch der Zerstörung.

Das Erstaunliche ist die Schnelligkeit, mit der sich meine Truppen vom einen Ende Europas zum anderen absetzen. Was sage ich! Vom Mond zur Erde, von der Erde zum Mars.

Gingen die Mikroben nur darauf aus, sich von meinem Leib zu nähren, so würden sie ihre Äcker bestellen und sich nicht unnütz aufregen. So aber ist anzunehmen, daß auch sie den patriotischen Haß und die Überheblichkeit der Großmächte kennen, das Volk-ohne-Raum-Delirium und die Komplexe der Arbeitslosigkeit, der Erdöltrusts, der Weltherrschaft. Ich kann unmöglich die Feststellung von der Hand weisen, daß zwischen den Drohungen, die uns die Zeitungen des Jahres 1946 auftischten, und den Unruhen, denen ich als Weltschauplatz diene, gewisse Beziehungen existieren. Ich sprach von Gott. Auch ohne mich zu seinem Anwalt zu machen, bedaure ich die Welt, wenn sie allein das erleidet, was ich erleide, und wenn sie einen Rückfall in die Drangsal erdulden muß, während sie doch nichts inniger ersehnt als den Frieden.

Zweifellos aufgrund des Sonnenspaziergangs fing gestern abend der Belag meiner Stirn zu nässen an, wäßrige, schmierige Feuchtigkeit glasierte ihn, und tupfte ich sie ab, setzte das Rinnen nur noch stärker ein.

Darauf hob auch mein Hals auf gleiche Weise zu nässen an. Während der Nacht bedeckte sich das alles beim Eintrocknen mit einer Kruste von Pusteln. Meine verquollenen Augen sahen nichts mehr hinter ihren geschwollenen Lidern, und die Gesichtshaut brannte, als wäre ich einer zurückschlagenden Stichflamme zum Opfer gefallen.

Diese Vorgänge hielten mich die ganze Nacht über wach, und in meiner Ratlosigkeit wußte ich nicht aus noch ein.

Noch heute morgen ist mein Gesicht von der Sonne gebräunt, aber es scheint wie mit gelbem Puder überstäubt, und tiefeingegrabene Falten formen Wülste unter meinen Augen.

Außerdem quält mich meine rechte Hand zwischen den Fingern. Und meine Achselhöhlen lassen mir keine Ruhe.

Am Hals habe ich eine offene Stelle, aus der es beständig näßt. So also läuft das Desaster programmäßig ab. Es wäre fast zum Lachen, wenn das Unbegreifliche und sogar das Mirakel nicht allemal einen abschreckenden Widerwillen in mir aufsteigen ließen. Doch all das verhindert nicht, daß es mir besser geht und daß ich von der Höhenluft und der ausgezeichneten Hotelkost profitiere. Ob es nun Mikroben sind oder nicht, dieses Parasitenzeugs wütet an der Oberfläche zwischen Haut und Epidermis, entstellt mich, quält mich und geht nicht in die Tiefe. So stelle ich mir's vor, wenigstens im gegenwärtigen Stadium, denn es fiele mir schwer, die Verheerungen auszudenken, die sie beim Tieferdringen im Organismus anrichten könnten.

Gestern habe ich, trotz des Rumorens, Gedichte geschrieben. Außer der *Kreuzigung*, die ich seit langem, sozusagen fix und fertig geschrieben, in mir herumtrug, hatte sich bisher nichts in mir geregt. Und wer dieses Buch gelesen hat, der weiß, daß ich mich in diesem Fall wohl hüte, etwas zu erzwingen. Ich erlebte also gestern die Überraschung eines unwiderstehlichen Schaffensdrangs. Der Mechanismus spielte sich leicht ein, und dabei war's sogar einer der verwickeltsten, denn es handelte sich (und ich sträubte mich nicht gegen den Glücksfall) um eine Anordnung in Binnenreimen, die da und dort vom Ende eines Wortes zum Anfang des nächsten hinüberspielten, um fast unhörbare Gleichklänge, um auffallende Einzelheiten und um Gemeinplätze, die sie ohne Zweifel noch mehr herausheben sollten. Die Verse sprachen vom Schnee, der vor meinen Augen liegt, aber sie sprachen von ihm auf andeutende Weise, die ihn fast verhüllt.

Gegen sieben Uhr versuchte ich, mich von einer Hautkrise abzulenken und meine Ernte weiter einzufahren. Der Mechanismus rollte nicht mehr ab, ja, er hielt mich zum besten, indem er mich veranlaßte, ihn auf kümmerliche Weise zu imitieren. Ich aber verhielt mich still und ließ es dabei bewenden.

Lese ich die entstandenen Verse wieder, wundere ich mich über den völligen Bruch mit der Art des Kreuzigungs-Gedichts. Ihre Strophen sind von leicht pedantischer Art, und zwar deshalb, weil ich darin versuchte oder zu versuchen glaubte oder weil mir ein etwas schulmäßiges Diktat anbefahl, ein Pensum zu erledigen, nachdem ich mich zu sehr vom Film und von anderen witzigen Spielen hatte einfangen lassen.

Niemals werde ich müde, diesen Vorgang zu beobachten, bei dem wir uns dem Anschein nach so frei und, ehrlich

gesagt, ohne den geringsten Schatten von Freiheit bewegen. Und dennoch ist dieser Schatten vorhanden. Er verhüllt uns zur Hälfte unser Werk. Er überwacht uns. Er erhält uns im Gleichgewicht zwischen sich und dem Licht, und so trifft die Bezeichnung Halbschatten noch besser auf ihn zu. Während ich ihn (oder mich) beobachtete, geht meine Plage weiter. Dieses Leiden bosselt seit sechs Monaten an mir herum wie ein Goldschmied an seiner Schmiedearbeit. Es werkelt sozusagen mit hängender Zunge. Es erwies mir gute Dienste. Ich blieb rastlos, also schlief ich. Ein Mensch meiner Art ist nur im Traum auf solche Weise rastlos. Theater, Zeichnungen, Filme waren der Vorwand für diese Rastlosigkeit, bei der die Seele durcheinanderwirbelt und nichts mehr ablagert. So schüttelte ich unentwegt meine Flasche. Und davon wäre schließlich jeder Wein sauer geworden.

Dem allen gebot mein Leiden Einhalt. Ich konnte noch so sehr darauf ausgehen, es durch Erschöpfung und Betriebsamkeit zu überwinden, eines Tages befahl es mir, zu schweigen und mich still zu verhalten. In der Klinik hatte ich das noch nicht einsehen wollen. Die Schneegedichte, dies Buch, das von mir berichtet, diese tintengeschwärzten Papiere, dieser Stubenhockerfleiß anstelle des Nichts, dem ich mich anheimgeben sollte (die Medizin ordnet an: Denken Sie »an nichts«!), all dies ist so etwas wie eine Auszeichnung, die uns das Schweigen genehmigt. So wenigstens lautet meine Auslegung. Das ist die einzige mir angemessene Art, »an nichts« zu denken. Angesichts des Nebels und der Alpen überkommt mich ein Grausen, wenn ich mir vorstelle, daß ich eine andere Art gewählt hätte. Die Art, die uns der Arzt verschreibt.

VOM TOD

Ich hatte derart unerträgliche Zeiten durchzustehen, daß mir der Tod als etwas Köstliches erschien. Seither ist mir die Gewohnheit geblieben, ihn nicht zu fürchten und ihn auszuforschen, Auge in Auge.

Paul Eluard erstaunte mich, als er sein Erschrecken darüber äußerte, daß ich unter der Maske des *Baron fantôme**, der zu Staub zerfällt, dem Tod die Stirn biete. Leben verwirrt mich mehr als Sterben. Ich habe weder Garros noch Jean Le Roy, weder Raymond Radiguet noch Jean Desbordes tot gesehen. Meine Mutter, Jean de Polignac, Jean Giraudoux, Edouard Bourdet sind die Toten, denen ich letzthin an ihrem Sterbelager begegnete. Mit Ausnahme von Jean de Polignac habe ich sie alle gezeichnet, und man ließ mich mit ihnen lange in ihren Zimmern allein. Ich habe sie ganz in der Nähe betrachtet, um den Konturen mit dem Blick zu folgen. Ich faßte sie an, ich bewunderte sie. Denn der Tod arbeitet seine Statuen sorgfältig aus. Er streicht ihre Falten glatt. Ich konnte mir noch so sehr einreden, daß sie das, was uns beschäftigt, nichts mehr angehe und daß ungeheuerliche Klüfte sie von mir trennten, ich verspürte gleichwohl, daß wir uns so nahe waren wie die zwei Prägeseiten einer Münze, die sich nicht kennen und doch nur durch die Dicke des Metalls voneinander geschieden sind.

* [*Anm. d. Hrsg.:* Film von Serge de Poligny; Cocteau hatte 1942 dazu die Dialoge geschrieben und die Titelrolle übernommen.]

Ginge es mir nicht allzu nahe, geliebte Menschen, die von mir noch einigen Beistand erhoffen können, zu verlassen, so würde ich voller Spannung erwarten, daß der Schlagschatten, der dem Tod vorausgeht, mich erreicht und sich immer mehr verkürzt. Ich würde einen überraschenden Gnadenstoß nicht schätzen und auch nicht, daß der Tod sein Geschäft weitschweifig hinzieht, bis zur äußersten Grenze, an der er uns endlich gnädig den Rest gibt. Ich möchte vielmehr von jenen, die mir nahestehen, Abschied nehmen können und mich vergewissern, daß mein Werk sich frohgemut anschickt, meinen Platz einzunehmen.

Von allem, was den Tod betrifft, stößt mich nichts ab, außer dem Pomp, mit dem man ihn umgibt. Bestattungen verleiden mir die Erinnerung. Beim Begräbnis von Jean Giraudoux sagte ich zu Lestringuez: »Gehen wir! Er ist nicht gekommen.« Ich stellte mir vor, daß er in irgendeinem Keller des Palais Royal ins Spiel mit dem Billardautomaten versunken sei.

Die Leichenfeier für Bourdet war eisig. Es fror, und die Fotografen bestiegen die Kanzel, um uns aufzunehmen und ihr Magnesium abzubrennen.

Das Hinscheiden meiner Mutter war auch für mich sanft gewesen. Sie war nicht kindisch geworden. Sie war in ihre Kindheit zurückgekehrt, sah mich wieder in der meinen, wähnte mich im Gymnasium, sprach mit mir in allen Einzelheiten über Maisons-Laffitte und härmte sich nicht ab. Der Tod brauchte ihr nur zuzulächeln und sie still bei der Hand zu nehmen. Aber unsre Begräbnisstätte, der Friedhof auf dem Montmartre, ist mir ein Ärgernis. Man stellt uns dort ab, wie in einem Schuppen. Und die Besoffenen, die über die Brücke torkeln, pissen auf uns herab.

Gestern besuchte ich einen Bergfriedhof. Mit seiner

Handvoll Gräbern lag er unterm Schnee. Von ihm aus folgt der Blick der ganzen Alpenkette. Zwar erscheint's mir lächerlich, seine letzte Ruhestätte auszusuchen, aber ich dachte an mein Montmartreloch und bedauerte, daß man mich nicht hier oben in die Erde legt.

Nach dem Ableben von Jean Giraudoux veröffentlichte ich einen Abschiedsbrief, der mit den Worten schloß: »Ich werde nicht lange brauchen, um dich einzuholen.« Man schalt mich wegen dieses Satzes, den man pessimistisch und mutlos fand. Er war es ganz und gar nicht. Ich wollte damit nur sagen, daß es sich, sollte ich auch hundert Jahre alt werden, nur um Minuten handeln kann. Das aber wollen die wenigsten Leute zugeben, die anderen sehen nicht, daß wir unseren Beschäftigungen nachgehen und Karten spielen in einem Expreßzug, der dem Tod entgegenjagt.

Wenn selbst Mutter Angelika in den Mauern von Port-Royal den Tod fürchtet, wer sollte ihn dann noch als Segen empfinden? Da ist's schon besser, ihn festen Fußes zu erwarten. Es ist Selbsterniedrigung, wenn man nur ihn im Sinne hat, und schnöder Undank, wenn man sich entschuldigt, daß man existiere, als ob das Leben nur ein Versehen des Todes wäre. Werden denn diejenigen besser daran sein, die sich in eine Zelle einschließen und angstzitternd die Akten ihres Prozesses durchforschen? Das Gericht wird nicht danach fragen. Sein Urteilsspruch liegt von vornherein fest. Sie werden nur ihre Zeit vertrödelt haben.

Am besten verhält sich, wer die ihm zugestandene Zeit nützt und sich nicht damit abgibt, über sich selbst zu Gericht zu sitzen.* Menschliche Dauer wird nur dem geschenkt, der sich den Augenblick zurechtknetet und ihm

* Nur das hinreißende Genie Chateaubriands macht mir *René* erträglich.

Bildgestalt verleiht und sich im übrigen nicht um den Urteilsspruch kümmert.

Ich hätte gar manches noch zu diesem Thema zu sagen und wundere mich nur, daß so viel Leute es sich über das Maß zu Herzen nehmen, denn schließlich wohnt der Tod ja beständig in uns, und so sollte man sich mit ihm abfinden. Weshalb denn dieses Heulen und Zähneklappern gegenüber einer Person, mit der man zusammenlebt und die unserem Wesen aufs innigste verbunden ist? Der Grund liegt auf der Hand. Man hat sich daran gewöhnt, aus dem Tod ein Schreckgespenst zu machen und ihn nach dem äußeren Anschein zu beurteilen. Man tut besser daran, wenn man sich sagt, daß man von Geburt an mit ihm verschwägert und verschwistert ist, und wenn man seine Wesensart hinnimmt, so hinterhältig sie auch sein mag. Denn er versteht's, heimlich zu tun und uns glauben zu lassen, er bewohne nicht mehr sein Haus. Und doch beherbergt jeder seinen Tod und tröstet sich darüber mit dem Wahn hinweg, der Tod sei nur eine allegorische Figur, die erst am Schluß des letzten Akts erscheint.

Als erprobter Meister der Mimikry ist er selbst dann gegenwärtig, wenn wir ihn am fernsten glauben: in unserer Lebenslust. Er ist in unsrer Jugend. Er ist in unsrer Reife. Er ist in unsrer Liebe.

Je weniger Zeit mir noch verbleibt, desto mehr reckt er sich auf. Desto mehr macht er sich breit. Desto mehr hat er die Hand im Spiel. Desto emsiger geht er an seine Tüftelarbeit. Er gibt sich immer weniger Mühe, mich hinters Licht zu führen.

Sein großer Tag aber ist, wenn wir am Ende stehen. Dann tritt er aus uns heraus und schließt uns hinter sich ab.

VON DER LEICHTFERTIGKEIT

Leichtfertigkeit ist insofern ein Frevel, als sie die Leichtheit nachäfft, die Schwerelosigkeit, wie sie zum Beispiel ein schöner Märzmorgen in den Bergen besitzt. So erzeugt sie jene Verlotterung, die als unsichtbare Unsauberkeit schlimmer ist als irgendeine andere Unordnung, denn sie stört (wie ein Hautausschlag) das harmonische Walten des Organismus, und zwar durch den fast gefälligen Juckreiz, den der Phantasiehörige, dieses schädliche, gern mit dem Dichter verwechselte Individuum, auf die Derma der Intelligenz ausübt.

Schlägt man im Lexikon Larousse nach, kann man beim Stichwort Rimbaud lesen, er sei ein »phantasievoller Dichter«, womit dem schuldigen Sachbearbeiter sozusagen ein Pleonasmus unterlief. Für die meisten ist ein Dichter unvermeidlich ein phantasievoller Dichter, falls ihm nicht höchst verdächtige Empfindelei oder falsche Gravität zu einer Achtung verhelfen, die dem Ausmaß seiner Plattheit entspricht.

Leichtfertigkeit ist nichts anderes als Mangel an Verwegenheit und so etwas wie Abneigung, sich in irgendeiner Weise aufs Spiel zu setzen. Sie ist Flucht, die sich als Tanz ausgibt, ein Zögern, das als Hurtigkeit erscheint, eine Schwere, die dem Anschein nach jener Leichtheit gleicht, von der ich hier spreche und die man nur von tiefen Seelen erwarten darf.

Bestimmte Gelegenheiten, wie zum Beispiel der Aufenthalt Oscar Wildes im Zuchthaus, öffnen dem Frevler die

Augen und zwingen ihn zu reuiger Besinnung. Er gibt dann gern zu, daß »alles, was verstanden wird, gut ist, und daß alles, was nicht verstanden wird, schlecht ist«, aber er gibt es nur zu, weil ihm das Ungemach die Nase darauf stößt. Ähnliches gilt für den Wagenunfall Pascals. Nur widerstrebend denkt man sich eine Seele seiner Art so von sich selber und von ihrem Dasein eingenommen, daß sie ihrer Errettung vom Tod eine solch unerhörte Bedeutung beimißt.*

Der Leichtfertigkeit bezichtige ich jeden, der sich darauf versteift, nur Probleme von örtlich begrenztem Interesse lösen zu wollen, und dies ohne das geringste Gefühl für die Lächerlichkeit seines Beginnens, ein Gefühl, das ihn eigentlich zum Nachdenken bringen müßte und seine Bestrebungen zum Beispiel auf den Frieden statt auf den Krieg ausrichten sollte. Denn ist ein solch gemeingefährlicher Mensch nicht von verbrecherischer Leichtfertigkeit, so kann man höchstens persönliches Geschäftsinteresse oder Ruhmsucht als leidlichen Entschuldigungsgrund anführen. Und auch Patriotismus ist nur eine lahme Ausrede, denn es ist ehrenwerter, den vom Patriotismus genasführten Massen zu mißfallen, als sie unter dem Vorwand der Größe in die Irre zu führen.

Leichtfertigkeit ist bereits schändlich, wenn sie nur tändelt, denn es gibt schließlich Gestalten von bezaubernder, durch Leichtfertigkeit diskreditierter Leichtheit (wie zum Beispiel manche Figuren Stendhals), aber sie wird mon-

* Ich weiß wohl, daß es sich beim Sterben darum dreht, ob wir uns im Stand der Gnade befinden oder nicht. In diesem Zusammenhang ziehe ich freilich die folgende Geschichte vor. Während des Essens bei Strawinsky erzählt sein Sohn Theodor, daß bei einem Bankett der Freidenker in New York ein Teilnehmer tot zusammenbrach, als er die Gottesmutter verhöhnte. Er habe Glück gehabt, entgegnet Strawinsky, denn er sei geradewegs in den Himmel aufgefahren. Sein Sohn will wissen, warum. Und Strawinsky antwortet: »Weil er vor Scham starb.«

strös, wenn sie auf verheerende Weise überhandnimmt und mit ihrem anspruchslosen Charme, den sie auf träge Geister ausübt, die Welt in eine Lage bringt, in der sie den wahren Ernst für Kinderei hält, die vor den sogenannten Erwachsenen zurückzutreten hat.

Dann steht man machtlos jener Gier gegenüber, die sich an Katastrophen, Papierkram, Streitfragen, Bluttaten, Prozessen, Trümmern, Mordspielsachen berauscht, und am Ende sieht sich die entsetzliche Leichtfertigkeit der Menschen fassungslos entgeistert inmitten eines Wirrwarrs, der dem zu vergleichen ist, den Kinder anrichten, wenn sie Gemälde durchlöchern, den Büsten Schnurrbärte anmalen, die Katze in den brennenden Ofen stecken und das Goldfischglas umschütten.

Freilich, die Leichtfertigkeit trägt rasch wieder die Nase hoch und gibt ihre Schuld unter keinen Umständen zu. Dann ist man so weit wie die Familie, die sich, während die Möbel fortgeschafft werden, in einem Winkel des Salons herumstreitet und in der Hitze des Zanks nicht einmal bemerkt, daß ein Möbelstück nach dem anderen verschwindet und daß noch nicht einmal ein Stuhl zum Sitzen zurückbleibt.

Was mir lästig fällt, sind Menschen, die mir nach vorgefaßter allgemeiner Ansicht gefallen müssen, weil sie ja phantasievoll sind. Wie gesagt, Phantasie und Leichtfertigkeit sind Geschwister. Wer nur der Phantasie gehorcht, ist zur Originalität unfähig, glaubt sich aber originell, wenn er uns durch die Zusammenhanglosigkeit seines Tuns auf die Nerven geht. Er will in Erstaunen setzen. Er stört nur. Er hält sich für ein Weltwunder. Er bringt nicht eine Figur aufs nächste Feld. Ihm glückt nur, Dominosteine und Karten durcheinanderzuwerfen und die Schachpartie auf eine Weise anzuspielen, die alle Regeln über den

Haufen wirft und den Partner auf den ersten Anhieb überrumpelt. Besonders Zeit, Ort und Konventionen mißachtet er mit einer Unverfrorenheit, die noch nicht einmal an die Lässigkeit des Dandy heranreicht, und ohne jemals von seiner Linie zugunsten einer anderen abzuweichen. Er plustert sich behaglich auf und langweilt uns zu Tod, wenn er, den Betrunkenen gleich, mit einer Selbstherrlichkeit auftrumpft, die sein Lebenselement ist, und wenn er vom hohen Roß herab verächtlich abtut, was er für unseren Konformismus hält und was nichts anderes ist als unsre qualvolle Verlegenheit.

Ich habe Phantasten gekannt, deren Phantasie in gewissem Sinn organisch war und die an ihr zugrunde gingen. Ich spürte in ihnen so etwas wie eine zwar gutartige, aber für sie und ihre Freunde recht bedenkliche Umnachtung. Ganz abgesehen vom Respekt, den uns jedes sich ausgebende Menschenleben abnötigt, fühlen wir uns in ihrer Nähe unbehaglich. Denn diese Phantasiehörigen sind gewöhnlich Schwindler, und zuweilen zielen sie darauf ab, nicht unsre Aufmerksamkeit, sondern unsre Sympathie zu erzwingen. Wem es gelingt, der ist freilich weder leichtfertig noch Phantast, sondern erweckt nur den Anschein durch seine Ungeschicktheit, wenn er uns überzeugen will, durch seine seelische Durchschnittlichkeit, die ihn veranlaßt, als außergewöhnlich erscheinen zu wollen, durch sein Verlangen, an unsrer Lebensart teilzunehmen, und durch seine Reue, sich für aufdringlich gehalten zu haben. Diese Reue verführt ihn zu Selbstkasteiungen, über die ich schreckliche Dinge berichten könnte.

Die Welt, in der diese Menschen leben, erschwert es uns, mit ihnen in Fühlung zu treten, denn das geringste hingeworfene Wort, die unscheinbarste Geste, die wir (ohne ihr irgendeine Bedeutung beizumessen) ausführen, erzeugen in ihnen die unglaublichsten Verwicklungen, die sie bis zum Selbstmord treiben können.

Man geht ihnen daher am besten gleich von Anfang an aus dem Weg, wie anziehend sie auch sein mögen in einer Welt, in der das Feuer selten ist und uns immer wieder anlockt.

Ich habe diese Vorsicht nicht oft genug walten lassen. Ich hielt sie für taktlos und für eine Art Bequemlichkeit, die ich mir versage. Ich hatte Bedenken, dem unbekannten Besucher die Tür vor der Nase zuzuknallen. Ich ließ ihn ein und wagte nachher mein Verhalten nicht mehr zu ändern, aus Scheu, als wankelmütig zu erscheinen. Das war mein Fehler. Statt die Konsequenzen einer für meine Umgebung und mein Schaffen bedenklichen Schwäche rasch zu überschlagen, vermaß ich mich, die Gefahren zu verlachen und mit vollem Anlauf ins Netz zu gehen. So handelte ich, gegen meine Natur, mehr hochmütig als großmütig. Und ich klage mich dessen an.

Ich erwähnte den Dandy. Man darf ihn nicht mit denjenigen verwechseln, die in seinem Gebaren, als Selbstzweck genommen, ein deutliches Abbild ihrer aufrechten Seele und ihrer Revolte erblickten. Ich verstehe, warum Baudelaire sich davon angezogen fühlte. Er kommt im umgekehrten Sinn dazu. Er, der Dramaturg, ist ein Drama. Er ist Drama, Theater, Darsteller, Publikum, roter Vorhang, Kronleuchter. Ein Brummel ist hingegen das getreue männliche Abbild der »Tragödin ohne Bühne«. Er spielt seine Rolle im Leeren und bis zur endgültigen Leere in einer Mansarde, wo er stirbt, während er sich alle großen Namen Englands ankündigen läßt. Sein Wort »Ich konnte beim Derby nicht elegant gewesen sein, denn Sie haben mich bemerkt«, enthüllt seinen Sinn, wenn Baudelaire sich auf nichts mehr berufen kann als auf einen Artikel von

Sainte-Beuve, der von seinem ganzen Werk nur ein Sonett an den Mond gelten läßt. »Mit heißem Kopf und kühler Hand«, so ungefähr sagt Goethe einmal. Der Dandy hat kühlen Kopf und kühle Hand. Ich rate den Schiffen, sich von diesem unverschämten Eisberg fernzuhalten. Nichts ändert seinen Kurs. Er würde einen Mord begehen, um seine Krawatte zu knüpfen. Dabei beruht sein Machtanspruch auf nichts. Er selber salbte sich aus eigenen Gnaden. Eines schönen Tages wird König George von Brummel gebeten, sich erheben und läuten zu wollen. Dieses Klingelzeichen genügt, um den rechtmäßigen König aus seiner kleinen Hypnose aufzuwecken: er setzt den Modekönig vor die Tür.

Wenn Könige die Dichter vor die Tür setzen, können die Dichter nur gewinnen. Setzt der König von England Brummel vor die Tür, hat Brummel ausgespielt.

Unsre Epoche ist schwer krank. So erfand sie sich die »Flucht aus der Wirklichkeit«. Die Greuel, unter denen die Opfer der Leichtfertigkeit eines Krieges zu leiden haben, verschaffen ihr einige Ablenkung. Damit pulvert sie sich unter Mitwirkung ihrer Zeitungen auf, ja, sogar die Atombombe regt sie zu Verzückungen im Stil Jules Vernes an – bis zum Augenblick, in dem ein Witzbold sie über die Ätherwellen aufscheucht. Orson Welles meldet die Landung der Marsbewohner. Ein französischer Rundfunk das Herannahen eines Meteors. Und augenblicks träumen unsre Kriegshelden nicht mehr von Ruhmestaten, sondern denken nur noch daran, Reißaus zu nehmen. Sie brechen sich die Beine. Sie rennen, was sie können. Man bricht ohnmächtig zusammen. Es kommt zu Fehlgeburten. Man schreit um Hilfe. Das geht so weit, daß die Regierung nervös wird und die phantasievolle Sendung untersagt. Man gibt sich der Meinung hin, die Poesie werde die Menschen einlullen und sie der abscheulichen Wirklichkeit entführen. Diese Überlegung wird von einer Unzahl von Illustrierten ausgebeutet, deren geringste Anpreisung die Pforten aller Luftschlösser aufspringen läßt.

Der Dichter befand sich allein inmitten einer industrialisierten Welt. Heute ist er mutterseelenallein in einer poetischen Welt. Dank dieser Welt, die durch Theater, Kinos und Luxuszeitschriften für die Weltflucht ebenso reichlich ausgestattet ist wie für den Wintersport, dank dieser Welt gewinnt der Dichter endlich seine Unsichtbarkeit zurück.

VOM PALAIS ROYAL

Die Unordnung, mit der ich mich herumschlage, stellt sich rings um mich immer wieder her, Stück für Stück, auf heimtückische Art. Die innere und äußere Anlage meines Wesens, meiner nach allen Richtungen wachsenden Haare und Zähne beschränkt sich möglicherweise nicht auf meine Person, sondern wirkt sich bis zu den äußersten Grenzen meines Gehäuses aus, bis in Grenzgebiete, die viel weiter hinausreichen dürften als das, was ich zu Gesicht bekomme.

Dieses Gehäuse lebt seiner Anordnung nach derart von unserem Wesen, daß es Leiden, die uns quälen, miterleidet und krank wird, wenn unsre Haut erkrankt. Das Übel, das mich befiel und demgegenüber sich die ärztliche Kunst für machtlos erklärt, teilt sich den Gegenständen und Papieren meines Zimmers mit, bringt sie in Verwirrung und zwingt ihrem Durcheinander die seltsamen Posen der Schlaflosigkeit und des Schmerzes auf.

Diese Schmerzen sind wie Stigmata, die durch bestimmte Notwendigkeiten meiner Arbeit hervorgerufen werden. So schmerzt mich der Film *Die Schöne und das Tier* an den Stellen, wo er von mir verlangt, einen Schauspieler nach Strich und Faden zu plagen, so wird ein Pfeilschuß, den man auf den gleichen Darsteller abgibt, zu einem Scheinwerferstrahl, der sich mir quälend in die Augen bohrt, so löst die Umarbeitung der Texte zu dem *Blut eines Dichters* eine unerträgliche Krise in meiner rechten Hand aus. In der vergangenen Nacht schüttelte ich, als ich nicht mehr ein noch aus wußte, meine Hand mit aller Kraft und stellte fest, daß sich der Dichter im Film nicht anders benimmt, wenn er versucht, sich der Wunde, die ein Mund ist, zu entledigen.

Da liege ich also in meinem Bett, das selber geplagt ist von Falten und Dellen und vom Schlingern, das ich erzeuge, wenn ich mich von abends bis morgens darin herumwälze.

Von diesem Trauerparadebett aus betrachte ich mein Gemach, diese enge Kajüte, die auf die Arkaden des Palais Royal hinausgeht, gesäumt vom Laut der Schritte. Dieses Zimmer wurde so oft von Journalisten beschrieben und von den Fotografen verklärend ins Licht gerückt, daß ich mich frage, ob es noch der gleiche Raum ist, so wenig ähnelt er seinem Porträt. Ich meine, daß während der Reise eines Eindrucks vom Auge, durch das er eingeht, bis zur Hand, aus der er wieder hervorkommt, die Puste sich wie zuweilen beim Jagdhornblasen in einen gar seltsamen Ton verwandelt. Sich über die rote Farbe zu einigen, dürfte nicht schwerfallen. Was den Rest betrifft, so nehme ich an, daß die Gegenstände, die nur der Zufall eines Wellenschlags herangespült hatte, in den Augen der Journalisten eben den Anschein boten, den sie anstelle des wirklichen Aussehens der Dinge entdecken wollten. Sie waren gekommen, um den Theaterfundus meiner Mythen aufzuspüren. Diese Gegenstände, die als einzige in meinem Haus zu verbleiben vermochten, außerhalb dessen alles dahinschwindet, spielen sich ja tatsächlich nur durch den außergewöhnlichen Spannungsgrad ihres Daseins aufeinander ein, durch eine Intensität, die sie von tausend anderen, schöneren, im Besitz von Sammlern befindlichen Dingen unterscheiden. Das Anziehendste von allen an diesen winzigen roten Strand angeschwemmten Dingen ist zweifellos die

Figurengruppe von Gustave Doré, die mir Charles de Noailles als Gipsabguß geschenkt hatte, den ich dann in Bronze nachgießen ließ. Man sieht Perseus, auf dem Hippogryph reitend und durch eine lange Lanze, die dem Rachen des Meerungeheuers entragt, schwebend in der Luft erhalten, wobei besagter Drache sich im Todeskampf um Andromeda ringelt. Die Gruppe steht auf einem Sockel zwischen dem sogenannten Biberfenster und einer übermannshohen schwarzen Zeichentafel, die sich zur Seite schwenken läßt und den Zugang zu einer Kammer freigibt, in der es im Winter zu kalt ist, als daß man sich darin aufhalten könnte.

Dort habe ich, völlig abgesondert und von Telefon- und Wohnungsklingeln erlöst, im Sommer 1943 *Renaud et Armide* geschrieben, auf einem Architektentisch, über dem die Zeichnung von Christian Bérard hing, die ich aus meinem Zimmer in der Rue Vignon, wo sie die Tapete schmückte, gerettet hatte, ein Blatt in Kohle- und Röteltechnik, das die Begegnung des Ödipus mit der Sphinx darstellt.

Die Schiefertafeltür und mehrere Entréetüren dienen mir dazu, Adressen und Verabredungen mit Kreide zu notieren, denn mein Gedächtnis ist ein Sieb. Die fürs Romanhafte veranlagten Besucher erblicken darin kabbalistische Schriftzeichen anstelle einer Gedächtnishilfe, die allwöchentlich dem Schwamm anheimfällt.

Rechts von meinem Bett stehen zwei Köpfe, ein römischer Faunskopf aus Marmor (er gehörte meinem Großvater Lecomte) und ein Antinouskopf, eine farbige Keramik, die unter einer Glashaube steht, denn sie ist so zerbrechlich, daß nur der starre Blick ihrer Emailaugen, dem weißen Stock der Blinden gleich, sie aus der Tiefe der Zeiten hierher geleiten konnte.

Ein dritter Kopf verschönt das Kopfende meines Betts:

Raymond Radiguet, Porträt aus gebrannter Erde, in seinem Todesjahr von Lipschitz geschaffen.

Hier das Verzeichnis der Bilder, die über der uferlosen Unordnung an den Zimmerwänden hängen: Faustlithographien von Eugène Delacroix; Fotografie Rimbauds von Carjat, am Tag des Skandals mit dem Stockdegen aufgenommen; Klebearbeit von Picasso in einem für Schmetterlingssammlungen bestimmten Glaskasten; Porträt der Sarah Bernhardt von Clairin (Bildhauerin); Original der Einbandzeichnung von Bérard für *Opéra*; große Frauenfigur, Tuschzeichnung von Picasso; Fotografie Mallarmés mit Schal; Würfel von Picasso (siehe das Ende von *Potomak*); Skizze von Ingres zu *Tu Marcellus eris*; Baudelaire im Profil, Radierung von Manet; mein Porträt, von Picasso 1917 in Rom gezeichnet, mit dem Datum des Ostersonntags; zwei Federzeichnungen von Victor Hugo – die eine stellt Gavroche dar und trägt Victor Hugos Unterschrift: »Beim Betrachten einer Hinrichtung«, die andere zeigt ein manisches Spiel mit seinem Namenszug; schließlich ein duftiges Aquarell, Porträt meiner Mutter von Vencker.

Der Rest ertrinkt in Haufen von Papieren, Büchern, unbeantworteten Briefen, Heilmittelflaschen und Töpfchen voll Salben, mit denen man mich einreibt, und dieser Rest ist nur das von meinen Stürmen mitgerissene Algenzeug, Überbleibsel zahlloser Wohnungs- und Hotelwechsel, bei denen ich wahre Schätze verlor, die der Plünderung anheimfielen und von denen nichts zurückblieb.

Ich habe dieses winzige Kellerloch, eingeklammert vom Palais-Royal-Theater und dem Häuserblock, den die Comédie-Française abschließt, im Jahre 1940 gemietet, als die deutsche Armee auf Paris marschierte. Damals wohnte ich noch im Hotel Beaujolais, gleich neben Colette, und erst nach dem Exodus siedelte ich im Jahr 1943 in die Rue de Montpensier Nr. 36 über. Die Freunde, derentwegen ich dies bizarre Tunnel etwas unüberlegt gemietet hatte, waren zur Flucht gezwungen gewesen: die Familien Berl, Mille, Lazareff. Ich habe nun dort schon sechs Jahre verbracht, beständigen Anwürfen wider mich und mein Schaffen ausgesetzt. Zur Zeit erhole ich mich dort, aus purer Gleichgültigkeit, da es mir unmöglich ist, eine passende Bleibe aufzutreiben, und auch des Zaubers wegen (des Zaubers im wahren Sinne des Wortes), den das Palais Royal auf bestimmte Wesen ausübt. Dieser Zauber geht aus von den Revolutionsgespenstern, die es durchgeistern, von einer vogelgeschmückten Stille, die den Festen des Direktoriums folgt, von der fast chinesischen Abgeschiedenheit einer toten Stadt zwischen den Schutzwällen uralter verkommener Häuser, die sich windschief neigen wie die Paläste Venedigs, wo Delphine de Nucingen den jungen Rastignac zum Spielsaal geleitete.

Ich kenne dort jeden Bewohner, seine Gewohnheiten, seine Katzen, seine Hunde. Dort ergehe ich mich zwischen lächelnden Mienen und den Neuigkeiten, die man von Mund zu Mund weitergibt. Dort speise ich in den Kellerkneipen, zu denen vier Stufen hinabführen. Dort treffe ich mich mit meinen Freunden und mit dem Schatten von Giraudoux, der zwar von außerhalb kam, aber zu den Unsern zählte. Von meinem Fenster aus schwatze ich mit Colette, die, auf ihren Stock gestützt, den Innenhof durchwandelt, mit ihrem zur Schleife gebundenen Schal, ihrem flachen Filzhut, ihren wunderschönen Augen, ihren nackten Füßen in Sandalen.

Ich möchte diese Kammer niemals verlassen und doch muß es sein. Ein steifer Wind treibt mich hinaus. Aber wo

Jean

immer ich auch die Sonne aufsuche, ich werde meinen Halbschatten stets vermissen. Ich werde das Rampenlicht vermissen, das mir der Winterschnee von unten herauf zuwirft. Und den Anblick, der sich (unter Tausenden) mir neulich bot: der Friseur bei der Galerie de Chartres hatte seine Perücken zum Trocknen in die Sonne gestellt, die Perücken hingen auf Wachsköpfen, und die Köpfe staken auf den Lanzenspitzen des Gitters, das allnächtlich die Thermidorgespenster einschließt.

Hier, zwischen den Gittern, die sich am Morgen nach den Straßenkreuzungen hin öffnen, zwischen Gängen, Gewölben, Laternen, Arkaden und Rundbögen, zwischen Taubenhäusern, den Fluchtlinien russischer Plätze und römischer Städte, den Kellern, den Budiken, wo man Briefmarken, Wälzer über Flagellantentum und Abzeichen der Ehrenlegion ersteht, hier vergnügt man sich unter den Bäumen beim Kugelspiel, von hier aus rollten die Köpfe, diese Kugeln eines volkstümlichen Spiels, in die Gossen, hier marschierte das Volk, der gallische Hahn, in Lumpen auf und reckte die abgeschlagenen Köpfe wie Fäuste zum steinumrahmten Firmament.

VON DER LENKUNG DER SEELE

Uns ist nicht gegeben, von Ort zu Ort zu eilen, ohne ein Teil von uns zurückzulassen, wir können unsern Werkstoff nicht im Nu von einer Stelle zur andern schaffen und nicht im Handumdrehen beliebig von einer Arbeit zur nächsten schreiten. Nichts braucht zur Reise länger als die Seele, und den Leib, der sich auf den Weg macht, holt sie nur mit langsamen Schritten ein. Darum verzetteln sich alle, die dahinzueilen glauben, und verlieren den inneren Zusammenhalt, denn sie zwingen der Seele, die ihnen gemächlich folgt und sie erst einholt, wenn sie schon wieder aufbrechen, immer von neuem dieses Nachhinken auf. Das endet damit, daß sie schließlich nicht mehr wissen, ob sie noch sind oder nicht mehr sind.

Das gleiche gilt für den beschwerlichen Übergang von einer Arbeit zur anderen, denn das abgeschlossene Werk lebt in uns weiter und überläßt der Arbeit am nächsten nur einen reichlich unbestimmten Raum. Was die Ortsveränderung betrifft, so ist es nötig abzuwarten, bis die Einheit unseres Daseins wiederhergestellt ist, und uns nicht auf einen Anschein zu verlassen, dem nur diejenigen Vertrauen schenken, die uns ungenügend kennen.

Was die Werke betrifft, so ist es nötig, nach einem jeden so viel Spielraum zu lassen, daß der Leib sich von den verbliebenen Ausdünstungen des vorangegangenen befreit, so lange diese Reinigung auch dauern mag.

Darin beruht die Gefahr eines Filmwerks wie des soeben beendeten, denn die Hypnose, die es auf uns ausübte, ist so nachhaltig, daß es schwerfällt, das Ende ihrer Wirkung abzusehen. Auch wenn der Film, nachdem er uns gänzlich auszehrte, sich von uns ablöst und nun, ferner von uns als das Kreisen der Sterne, sein unbändiges Eigenleben führt, selbst dann bleibt unser persönliches Triebwerk ihm verhaftet, ohne sich seiner Spuren zu entledigen.

Ich verließ fluchtartig ein Haus, aus dem mich die Türschelle und die Telefonklingel verjagten. Nun wohne ich auf dem Land*, wo Stille, Vögel, Pflanzen, Blumen den häuslichen Wirrwarr abgelöst haben. Aber noch darf ich mir nicht einbilden, wirklich dort und befreit zu sein. Nur wenig von mir nimmt bis jetzt daran teil. Um den Kerker mit der freien Luft zu vertauschen, mußte ich zunächst das gleiche Widerstreben wie im umgekehrten Fall überwinden, denn unsre Gewohnheiten, wie immer sie auch geartet sein mögen, halten uns am Wickel zurück, und überdies hatte sich meine eine Hälfte zur Flucht, die andere zum Bleiben entschlossen. Die Folge ist nun, daß ich eben abwarten und mich so lange in Geduld fassen muß, bis ich mich wieder eingeholt habe. Meiner Schätzung nach dürfte ein Monat verstreichen, ehe man nach einer Arbeit oder nach einer Reise sein Ich wieder in die Zügel bekommt. Bis dahin lebt man im Ungewissen. Von mir selber verbleibt mir gerade soviel, um im Garten vor mich hinzudämmern, die absurde Schöpferkraft der Blumen zu würdigen und mich gewisser, darauf bezogener Aussprüche zu entsinnen, zum Beispiel der Erzählung des Guez de Balzac von einem norwegischen Bauern, der zum erstenmal Rosen sah und sich wunderte, daß Feuer auf Sträuchern wachse.

* In Verrières-le-Buisson.

All diese Eindrücke gehen durch mich hindurch und hinterlassen keine Spur. Sie kommen und gehen, ich esse, ich strecke mich aus, ich schlafe.

Sooft ich mich auch in einem Zustand des Übergangs befinden mag, so frage ich mich doch jedesmal, ob es nicht endgültig dabei bleibe. Ich bin dann davon so überzeugt, daß ich die Leere noch vertiefe und mir einrede, sie werde nie wieder aufzufüllen sein. In solchen Augenblicken würden Schreibexerzitien Wunder tun. Eine ganze geistige Heilgymnastik, die das eingeschlafene Triebwerk wieder ins Rollen bringen könnte. Aber ich traue mir nicht so viel zu. Diese Vorgänge bleiben uns ein Rätsel, genau wie Tier, Pflanze, Samen und Ei.

Da befinde ich mich also zwischen zwei Rhythmen, des Gleichgewichts beraubt, mit hinfälliger Substanz und hinkendem Geist. Wehe dem, der dagegen aufbegehrt! Das Wagnis, sich darüber hinwegzusetzen, würde alles verderben. Und sagt mir nur ja nicht, dies sei bedeutungslos und man brauche die Schreibübungen, die der Wiederaufnahme der Arbeit dienen, nur zu vernichten, falls sie keinen Sinn enthalten sollten! Nichts von alledem, was einmal getan wurde, läßt sich vernichten. Selbst dann nicht, wenn man es den Flammen übergibt und wenn nur Asche zurückbleibt.

Denn wenn Einzelheiten unseres Schaffens auch zur Illusion verleiten mögen, wir seien frei, so geht diese Detailfreiheit doch in der Gesamtheit eines Werkes unter. Das Ganze bestimmt seine Form, die so unvermeidlich ist wie die der Pflanze, die ihre Blüten treibt.

Darum habe ich von einer »absurden Schöpferkraft« gesprochen, von einem Genie, das der Mensch, mag er wollen oder nicht, mit der Pflanze teilt, und der Mensch, der diese Schöpferkraft in sich trägt, muß – außer, er hat sich in selbstgelegten Fallstricken verfangen – in gewisser Weise absurd sein und darf dabei nicht mit seiner Blüte prunken.

Mit dieser Methode verbringe ich die Wartezeit, und meine ängstliche Ungeduld ist mir widerwärtig, weil es ja kaum wahrscheinlich ist, daß Pflanzen sich derart problematische Fragen stellen, die sie nur am Gedeihen hindern und zum Welken bringen würden.

Was tun gegen diese Scheu vor dem Leeren? Sie zehrt mich aus. Ich darf sie einfach nicht beachten. Ich übe mich darin. Ich versuche es sogar mit dem Lesen von Kinderbüchern. Ich vermeide Kontakte, die meinen Sinn auf die flüchtende Zeit lenken könnten. Ich vegetiere. Ich unterhalte mich mit Hunden.

Sich als Stätte solcher Mysterien zu fühlen, ist alles andere als ein Anreiz zu Bequemlichkeit. Ist auch eine Arbeit beendet, so hört das von ihr verursachte Ungemach und Unbehagen, der von ihr bewirkte Kräfteverschleiß keineswegs auf. Eine andere und nicht die harmloseste Art der Martern hebt an, die Qual des Marsches durch die Wüste, der Luftspiegelungen und anderer tückischer Phantasmagorien des Durstes und des gebrochenen Lichts, – bis zum Glücksfall eines neuen Ergusses, der da einwilligt, sich noch einmal unseres Triebwerks zu bedienen, es auszunützen, es anzukurbeln, und der gleichzeitig alle Vorkehrungen für zähnefletschende Selbstverteidigung und totale Schmerzverachtung trifft.

Und da soll man sich noch auskennen! Man versuche doch einmal, die Verkettung zu durchbrechen! Man stelle sich vor, daß man diesen Ablauf einhalten könnte, ohne dabei schließlich umzukommen!

Ich denke nicht daran, mich darüber zu beklagen. Ich nehme dieses Galeerendasein willig hin. Zweifellos ist es mir derart angemessen, daß ich ihm nur entwischen würde, um es anderwärts von neuem zu beginnen.

Ein Jahr bin ich nun schon krank. In diesem neutralen Zustand, in dem ich mich befinde, scheint das Leiden weniger darauf bedacht zu sein, mir zu schaden. Es fordert meine ganze Aufmerksamkeit. Was können die Ärzte dagegen ausrichten? Was wissen sie von den Zellen, denen das Individuum, das sie formen, gleichgültig ist? Diese Zellen denken, ohne sich um mein Tun zu kümmern, sie stellen es nur auf ihre Art fest und erweisen sich als gute Psychologen.

Wollte ich dieses Knäuel entwirren, wo fände ich dann noch festen Boden unter den Füßen? Besser ist's, im Stehen zu träumen, das ist mein Grundsatz und dabei bleibe ich.

Du träumst im Stehen, sage ich mir. Du orakelst. Ich brüste mich. In Wahrheit kehre ich zu den einsamen Stätten zurück, wo ich liebte. Unter dem Vorwand einer Analyse durchforsche ich mich. Die Schwermut Olympios! Da ist die Allee, wo der Kaufmann das Tier zwischen den Büschen auftauchen sieht, da ist das verfallene Tor, das die Schöne öffnet und durch das sie das Tier den Durst stillen sieht. Da sind die Wandleuchter, die von selbst aufflammen, die Arme aus lebendigem Stein, die sie halten und aus den Wänden herausreichen. Gewisse Sätze gehen mir nicht aus dem Sinn: »Belle, wollt Ihr meine Frau werden? – Nein, Tier. – Dann adieu, Belle! Bis morgen.« oder: »Belle, wenn ich ein Mensch wäre, würde ich bestimmt alles tun, was Ihr sagt. Aber wenn die armen Tiere ihre Liebe beweisen wollen, können sie sich nur auf die Erde legen und sterben.« Und ich sehe das Tier vor mir. Seine armen Augen, das eine größer als das andre, füllen sich mit Tränen, ertrinken darin, kentern. Belle wird es lieben und verlieren. Der ungeschlachten Raupe entschlüpft der Märchenprinz. Und der Prinz fragt: »Seid Ihr jetzt glücklich?« Und die Schöne antwortet: »Ich muß mich erst daran gewöhnen.«

Wird der Film, der in Saint-Maurice eingerollt in seinen Blechschachteln liegt, mich nun endlich freigeben? Wahrlich, unsre Geisteskinder liegen uns zur Last bis zu ihrer Heirat mit dem Publikum. Muß ich also bis zum September, bis zu dieser Eheschließung hin warten?

Ein Phantom verscheucht das andre. Meinem Stück, das im Oktober gespielt werden soll, bin ich so fern, so fremd, daß es mich mit Vorwürfen bedenkt. Es mustert mich kalten Blicks. Es vergällt mir das Leben. Zur gegebenen Zeit wird es seine Rache nehmen. Es kompliziert mein Unbehagen durch das Hangen und Bangen, das mir seinetwegen noch bevorsteht. Es haßt mich, hält sich aber noch zurück. Es kann mich vorerst noch nicht entbehren.

So rühre ich selber den Brei an, in den ich hineinschlittere. Wenn es so weitergeht, werde ich immer tiefer darin versinken. Der Anblick der Natur, der mir heraushelfen sollte, wirft mich gewaltsam wieder zurück. Dazu kommt noch, daß meine Zuflucht ein Park ist, in dem ich einst meine Darsteller auftreten zu lassen die Absicht hatte. Und ohne daß ich daran dachte, trug der vergessene Plan dazu bei, daß ich mich in der Hoffnung, Frieden zu finden, für diesen Aufenthalt entschied. Seine Ausstattung schiebt sich vor die anderen, die mir dienten. Ihre Bäume vermischen ihr Gezweig. Ihre Dornenhecken wachsen ineinander. Die grünen Wände teilen sich. Das Tier erscheint. Es zerfleischt mich. Ich bin verloren.

Während meine Seele durch diesen zähen Schlick watet, beneide ich nicht selten jene Schreibtischautoren, die sich hinter einer Barrikade verschanzen. Sie wachen darüber, daß ihre Tinte nicht mit ihnen auf du und du steht. Wenn sie sich aufs Schreiben einlassen, bewahren sie äußerste Zurückhaltung und geben acht, daß nur ein Teil ihrer selbst in ihr Schreibwerk einfließt.

Der Teil, den sie sich vorbehalten, hat Beine, so daß er sich Respekt verschaffen und im Notfall sich auch zurückziehen kann.

Wehe dem, der sich nicht einen Winkel vorbehielt, wo er sich ausleben kann, ein Stückchen Selbst an und für sich, und der den Zufällen gehorchte, die den geringsten Gatterpfahl ausnützen, um ihn mit Dorngestrüpp zu umschlingen! Denn es wuchert von innen und von außen her, wenn niemand ihm steuert. Daher die Gefährlichkeit dieser Übergangsfrist, der ich mich mit gebundenen Händen ausliefere, daher die Notwendigkeit, die Überwachung meiner Tore strenger durchzuführen als irgendein anderer. Und das ist's, was mich lähmt. Möge doch hereinkommen, was da mag, das Tote und das Lebendige! Ich sagte, daß Eindrücke und Worte mich ungestraft durchquerten. Das ist leicht gesagt. Ich stellte ja schon anderwärts fest, daß nichts durch uns hindurchgeht, ohne Spuren auf einem Strand zu hinterlassen, der jungfräulich sein muß, wenn wir wollen, daß ihn die achtzehn Füße der Musen betreten.

Wer kann aufrecht schlafen und dennoch seine Gatter überwachen, um das Betreten seines Bereichs zu verhindern? Man weiß, was die Warnungen vor bissigen Hunden und Fußangeln wert sind. So muß man denn das Unentwirrbare hinnehmen und sich ihm derart ergeben, daß daraus ein Zauber erwächst und das Dickicht durch seine wilde Unberührtheit den Liebreiz des Jungfräulichen gewinnt.

Ich finde mich, aufrichtig gesagt, nicht darin zurecht.

Der einzige Ausweg, der mir bleibt, liegt in einem sittlichen Fortschreiten. Denn bei alledem darf das Dickicht keine Ödnis aus Schutt und Nesseln sein.

Dem gilt der einzige Kampf, den ich führe, der einzige, bei dem mir erlaubt ist, mein eigener Herr und Meister zu sein.

VON GUILLAUME APOLLINAIRE

Statt mich mit prätentiöser Selbsterkundung abzuplagen – denn die Kräfte, die mich antreiben, dürften über den Gebrauch meiner Organe anderer Meinung sein als ich, und sollten sie mich nicht beachten, was im Bereich des Möglichen liegt, dann wissen sie von mir ja sowieso nicht mehr als die Elektrizität von Rundfunkmusik und Empfangsgerät – statt mich also damit abzurackern, könnte ich meine Tinte besser dazu verwenden, die prachtvollen Gestalten, die ich gekannt habe, zu verewigen. Man hat mir des öfteren nahegelegt, meine *Farben der Erinnerung (Portraits-Souvenir)* mit einer Fortsetzung zu versehen. Für meine Abneigung habe ich jedoch triftige Gründe, denn ich erzähle darin die Begebenheiten meiner Jugendzeit, als ich noch Zuschauer war und mich nicht im geringsten einmischte. Später greife ich selber ins Spiel ein. Und das Turnier rollt ab. Man verletzt mich, und ich schlage Wunden. Und ich könnte noch mehr verletzen, wenn ich auch das längst Vernarbte aufreißen würde. Allzuoft erweist man denen, die man schildert, nur einen schlechten Dienst, und mögen wir auch ihr Vorgehen nicht zu unseren Gunsten, sondern zu unserem Nachteil auslegen, so geschieht's doch, daß die Sicht und die Perspektiven des festen Punktes, an dem wir stehen, dem Blickwinkel widersprechen, unter dem sie selber ihr Tun und Lassen beurteilen. Sie versetzen uns in eine Lage, in der wir den Anschein erwecken, als seien wir ohne Treu und Glauben.

Dazu kommt noch, daß unser Gedächtnis ein Zerrspiegel ist (konkav oder konvex), daß die unscheinbarste Anekdote sich von Mund zu Mund entstellt, daß jede Anekdote, die wir erzählen, im Reisekostüm zu uns zurückkehrt, daß selbst der Sachlichkeitsfanatiker dem Zauber von Legenden erliegt und ihnen treuherzig glaubt, daß unser Erinnern auf Grund einer rückläufigen Perspektive dazu neigt, das sich Entfernende an Größe gewinnen zu sehen, seine Proportionen zu ändern und ihm Grund und Begründung zu entziehen, kurz, daß nichts verdächtiger ist als eine Zeugenaussage.* Ich weiß von Augenzeugen, die sich auf Augentäuschung stützten, unnachgiebig einen Biedermann aufs Schafott gebracht hätten und nach erbrachtem Gegenbeweis eher einwilligten, sich aufspießen zu lassen, als Reue zu zeigen. Sicherlich übt der Zeiten Flucht einen gewissen Zauber aus, weil die Wirklichkeit sich dabei auf eine Weise verzerrt, die den Einfältigen im Bereich der Kunst entrüstet, ihn aber fasziniert, sobald sich dadurch wirkliche Begebnisse ins Gewand der Fabel kleiden.

Darauf beruht der Erfolg von Briefwechseln, Lebenserinnerungen und anderen unmittelbaren Aussagen, deren Mythen wir uns nähern, wenn wir ein Interview, einen Aufsatz, das uns betreffende Stichwort im Lexikon Larousse lesen.

Der Schnelligkeitskult rottet das Kunsthandwerk so gründlich aus, daß die zur Erzeugung des Luxus unentbehrliche Geduld und Handfertigkeit sich nur noch bei jenen finden, die den maschinellen Ersatz der menschlichen

* Nichts ist schwerwiegender als die Worte, die man uns zuschreibt und die im Umlauf sind und gedruckt werden. Im Vorwort zu einem von Bernanos in Brasilien verfaßten Buch las ich einen mir zugeschriebenen Satz, den ich nie gesagt habe und der mich schockiert. Das Wort wird stets und augenblicklich Fleisch. Daher wirkt alles Gesagte auf unberechenbare Weise fort. Und so ist unerläßlich, das, was man verbreitet, weislich zu überdenken, seine Herkunft nachzuprüfen und, sollte es sich als irrig herausstellen, es sofort zu unterbinden.

Hand konstruieren. Lesen war einst eine Kunst. Sie ist dem Verfall preisgegeben. Man hat's ja so eilig. Man überfliegt die Seiten. Man will rasch wissen, wie es ausgeht. So wurde es gang und gäbe, daß sich die Eile an die Aufzeichnungen von Begebenheiten, die das Werk erst ermöglichen, statt an das Werk selber hält und daß sie achtlos das Werkzeug hinunterschlingt, weil sie zum Kauen dessen, was es hervorbringt, zu erschöpft ist. Das führt gleichfalls dazu, daß man dem gedruckten das gesprochene Wort vorzieht, weil es sich mit halbem Ohr auffangen läßt und keinerlei Anstrengung verlangt.

Das Gespräch gerät dabei auf abschüssige Bahn. Gute Gespräche, bei denen die Partner sich aufeinander einstellen, kenne ich nicht. Sprachliches Mißverstehen ist, was man auch sagen mag, das Kennzeichen des schlechten Gesprächs. Diejenigen, an die man sich wendet, werden durch die neuzeitliche Hast verhindert, sich zu sagen, daß die mißverstandene Redeweise nicht die unsere sein kann. Die Signatur blendet sie. Sie glauben felsenfest daran. Sie widersprechen. Der Widerspruch nimmt seinen Lauf. Unterwegs wechselt er sein Aussehen. Zwietracht, Hader und kein Ende!

Zerwürfnisse dieser Art sind zahllos. Darum möchte ich hier einige Erinnerungen an einen Menschen aufzeichnen, mit dem ich mich niemals entzweit habe, weil er bis zur Übertreibung aufmerksam sein konnte.

Es handelt sich um Guillaume Apollinaire.

Ich kannte ihn in blaßblauer Uniform, mit rasiertem Schädel, auf der Schläfe eine Narbe, die einem Seestern glich. Er trug einen Kopfverband aus Binden und Leder, der sich wie ein Turban oder wie eine kleine Sturmhaube ausnahm. Man hätte meinen mögen, der kleine Helm verberge ein

Mikrophon, das ihm erlaubte, zu vernehmen, was andere nicht vernehmen können, und insgeheim eine erkorene Welt zu belauschen. Er übertrug ihre Botschaften. Manche seiner Gedichte geben den Urtext ohne jede Entschlüsselung wieder. Wir beobachteten ihn oft beim Abhören. Dann hielt er die Lider gesenkt, trällerte vor sich hin, tauchte seine Feder ein. An ihrer Spitze hing ein Tintentropfen. Der Tropfen zitterte, löste sich ab. Er besternte das Blatt. *Alcools, Calligrammes* sind erfüllt von Zeichen einer Geheimschrift.

Nur von François Villon und Guillaume Apollinaire kann ich sagen, daß sie es verstanden, sich ohne Sturz in dem hinkenden Gang zu erhalten, der die Poesie ausmacht, wovon freilich noch nicht einmal diejenigen etwas ahnen, die da glauben, sie seien Poeten, weil sie Verse schreiben.

Das selten gebrauchte Wort (er verwendete es gern) verlor unter Apollinaires Berührung das Pittoreske. Das banale Wort wurde ungewöhnlich. Und all diese Amethyste, Mondsteine, Smaragde, Kornaline und Achate, die er handhabte, er setzte sie, woher sie ihm auch zukamen, so zusammen wie ein Korbflechter seinen Stuhl auf dem Gehsteig flicht. Man kann sich keinen fliegenden Handwerker vorstellen, der bescheidener und flinker wäre als dieser blaue Soldat.

Er war fettgepolstert, doch nicht dick, mit fahlem römischem Gesicht und einem Schnurrbärtchen über dem Mund, der mit abgehacktem Tonfall, etwas steifer Grazie und irgendwie kurzatmig die Worte freigab.

Seine Augen straften die ernste Miene Lügen. Seine Priesterhände begleiteten die Rede mit Gesten, wie sie Matrosen gerne gebrauchen, wenn sie ein Glas Wein trinken und wenn sie es wieder herauspissen.

Das Lachen kam bei ihm nicht aus dem Mund. Es kam aus allen vier Winkeln seines Leibes zugleich. Es füllte ihn völlig aus, schüttelte und rüttelte ihn. Bis dann dieses lautlose Lachen seinen Augen entströmte und der Körper wieder zur Ruhe kam.

In Strümpfen, ohne Ledergamaschen, in der enganliegenden kurzen Militärhose durchquerte er sein Stübchen am Boulevard Saint-Germain, stieg ein paar Stufen zum winzigen Arbeitszimmer hinauf, wo wir die Luxusausgabe der *Serres-chaudes* und den Bronzevogel aus Benin bewundert haben.

An den Wänden hingen Gemälde seiner Freunde. Außer dem Porträt von Rousseau mit dem Nelkenspalier und den stakigen Mädchen der Laurencin gab es Fauves, Kubisten, Expressionisten, Orphisten und aus der Epoche des Maschinismus einen Larionow, von dem er zu sagen pflegte: »Das ist mein Gaszähler.«

Er war auf alle Richtungen versessen und kannte, von Moréas in der Closerie des Lilas an, die Bedeutung der Namen, die sie bezeichnen und die mit geheimnisvollem Tonfall von Mund zu Mund gehen.

Das Gesicht seiner Frau war wie das hübsche Goldfischglas in den Läden am Kai, gegenüber den Bücherkästen, die, wie er schrieb, die Seine in ihrem Bett halten.

Am Morgen des Waffenstillstands von 1918 waren Picasso und Max Jacob in die Rue d'Anjou Nr. 10 gekommen. Ich wohnte dort bei meiner Mutter. Sie gestanden mir, daß Guillaume sie beunruhige, er leide an einer Herzverfettung, und man müsse Dr. Capmas benachrichtigen, der meine Freunde behandelte. Wir riefen Capmas an. Es war zu spät. Capmas beschwor den Kranken, ihm zu helfen, sich selber zu helfen, sich ans Leben zu klammern. Er hatte dazu nicht mehr die Kraft. Seine charmante Kurzatmigkeit wurde zur tragischen. Er hatte Erstickungsanfälle. Als ich gegen Abend Picasso, Max und André Salmon am Boulevard Saint-Germain aufsuchte, mußte ich von ihnen erfahren, daß Guillaume gestorben war.

Sein Zimmerchen war voll Nacht und voll Schatten, und wie Schatten bewegten sich darin seine Frau, ihre Mutter, wir und andere, die kamen und gingen oder still vor dem Lager verharrten und die ich nicht kannte. Sein lebloses Antlitz erhellte das Leintuch ringsum. Es war von so strahlender lorbeergekrönter Schönheit, daß wir glaubten, den jungen Vergil zu erblicken. Und der Tod in Dantes gegürtetem Rock zog ihn, wie Kinder tun, an der Hand mit sich fort.

Seine Leibesfülle war zu seinen Lebzeiten keine Korpulenz gewesen. Ebenso war seine Kurzatmigkeit keine wirkliche. Er schien sich inmitten von äußerst gebrechlichen Dingen zu bewegen, auf einem gehöhlten Boden, der ich weiß nicht welche kostbaren Explosivstoffe barg. Einzigartiges, fast unterseeisches Gebaren, das ich zuweilen ein wenig bei Jean Paulhan wiederzufinden glaube.

Dieses schnurrige Gehaben eines Fesselballons verschwisterte ihn der Figur des Dimanche im *Man who was Thursday* von Chesterton, dem Mondkönig im *Poète assassiné*.

Es wirkte noch in seiner sterblichen Hülle nach, die reglos zu schweben schien. Alles, was – dem Holundermark, dem Gewebe der Vögel und der Delphine gleich – die Schwere verachtet, entzog sich seinem Leichnam, hob ihn auf, wurde an der Luft zu einer phosphoreszierenden Glut, zu einer Hülle aus Licht.

Ich sah ihn wieder vor mir, wie er durch die Straßen des Montparnasse dahinschlenderte, über die Kreidestriche der Himmel-und-Hölle-spielenden Kinder hinweg, wie er rings um sich das ganze Arsenal der gebrechlichen Dinge, von denen ich sprach, voller Behutsamkeit mit sich führte und dabei gar manche hochgelahrte Bemerkung von sich gab. So zum Beispiel, daß die Bretonen einst Schwarze gewesen seien, daß die Gallier keinen Schnurrbart getragen hätten, daß *groom* nichts anderes wäre als das verstümmelte *gros homme*, so wie man es in London ausspräche, wo die dem französischen Vorbild nachgeahmten Schweizer Portiers allmählich durch junge Burschen ersetzt worden seien.

Manchmal hielt er den Schritt an, bohrte einen Marquisenfinger in die Luft und sagte (beispielsweise): »Ich habe *Maldoror* wiedergelesen. Die Jugend verdankt einem Lautréamont weit mehr als einem Rimbaud.« Ich zitiere dieses Wort unter Tausenden, weil es mich an das erinnert, was Picasso erzählte: Picasso, Max Jacob, Apollinaire hatten in jungen Jahren die Montmartregassen treppauf, treppab durchstreift mit dem Schlachtruf: »Hoch Rimbaud! Nieder mit Laforgue!« Eine Kundgebung, bedeutsamer, so meine ich, als alle Versammlungen, die den öffentlichen Wahlen vorausgehen.

Eines Morgens im Jahr 1917 (Picasso, Satie und ich hatten gerade den Skandal der *Parade* über uns ergehen lassen) rief mich Blaise Cendrars an, er habe in der Zeitschrift *Sic* ein mit meinem Namen unterzeichnetes Gedicht vorgefunden, sei erstaunt, es nicht gekannt zu haben, erkenne darin nicht meine Handschrift und wolle es mir am Telefon vorlesen, damit ich ihm bestätige, daß es nicht von mir stamme. Das Gedicht war eine Fälschung. Apollinaire bauschte die Fälschung zu einem ganzen Drama auf. Er übte im literarischen Bereich eine Art Gerichtsbarkeit aus und ließ sich seine Rechtsprechung nicht streitig machen. Von einem Montmartre-Café zum andern, von einer Zeitungsredaktion zur nächsten verhörte, verdächtigte, verklagte er alle Welt, außer dem Galgenvogel, der uns erst später seine Mystifikation bekannte. Sie bestand darin, daß er Birot, dem Herausgeber der Zeitschrift *Sic*, ein Gedicht übersandte und ihn mit meiner Unterschrift so zu ködern wußte, daß dieser es unbedenklich abdruckte, ohne zu merken, daß es sich um ein Akrostichon handelte. Die Anfangsbuchstaben der Verszeilen ergaben den Ausruf »ARMER BIROT.«

Da habe ich doch wieder dem Hang nachgegeben, den ich mißbillige! Ich will also etwas erzählen, was niemand wehtun kann, nämlich die Geschichte vom Abend, der die Uraufführung der *Mamelles de Tirésias* im Theater von Renée Maubel abschloß.

Apollinaire hatte mich um ein Gedicht fürs Programm gebeten. Dieses Gedicht, das den Titel *Zèbre* trug, verwandte das Wort *rue* (Straße) im Sinn von *ruer* (auf etwas losstürzen). Die Kubisten, Juan Gris an der Spitze, hatten die Straße als Straße verstanden und forderten mir am Abend der Aufführung eine Erklärung darüber ab, was diese Straße hier zu suchen habe. Denn die Straße war vorschriftswidrig.

Vor den Schranken dieses Gerichts, wo wir Schulter an Schulter saßen, verwandelte sich Apollinaire vom Richter in den Angeklagten. Man bezichtigte ihn, er habe das Dogma durch einen karikaturalen Seitensprung gefährdet, als er Serge Férat mit den Entwürfen des Bühnenbilds und der Kostüme betraute. Ich hatte Gris gern, und er war mir gewogen. Und wir alle liebten Apollinaire. Wenn ich also diesen Vorfall erwähne, so deshalb, weil aus ihm erhellt, wie sehr wir uns auf Stecknadelspitzen zu erhalten versuchten. Die geringste Abweichung wurde verdächtigt, hochnotpeinlich untersucht und schließlich in Acht und Bann erklärt. Gris sagte: »Ich habe die Siphonflasche in die Malerei eingeführt« (bis dato wurden nur die Anis-del-Oso-Flaschen geduldet). Und Marcoussis bemerkte beim Verlassen der von Paul Rosenberg veranstalteten Ausstellung der *Fenêtres* von Picasso: »Er hat das Problem des Espagnoletteverschlusses gelöst.«

Nur kein Gelächter! Es war eine große und rühmliche Zeit, als solche und ähnliche Nuancen die Geister in Atem hielten. Und Picasso sagt völlig mit Recht, eine Regierung, die einen Maler dafür bestrafen würde, daß er sich in Farbe und Linie geirrt habe, wäre eine großartige Regierung.

Kommen wir auf unseren Dichter zurück! Die Gerichtssitzung in Sachen *Mamelles de Tirésias* hinterließ in ihm einen bitteren Nachgeschmack. Von einer Papierdrachenschnur zurückgehalten, kam er lange davon nicht los. Und wurde selber zum Papierdrachen. Machte sich federleicht, muckte auf, zerrte an der Schnur, höhlte sich, wich nach rechts und links aus. Er erklärte mir, er habe »von den Malern die Nase voll«. Und fügte hinzu: »Sie gehen mir mit ihren Baugrundrissen allmählich auf die Nerven.« Überraschender Stoßseufzer im Munde dessen, der einen Sieg über das Gegenständlichkeitsdogma herbeigeführt hatte. Aber er wünschte den Siegern den Schwingenschlag Uccellos, er wollte sie auf giftigen Weiden voller Herbstzeitlosen grasen sehen.

Außer Picasso, diesem zehnköpfigen Adler und unbeschränkten Herrscher in seinem Reich, gingen die Kubisten dazu über, dem Gegenstand die Maße zu nehmen. Sie zwangen ihn zur Dienstbarkeit, den Zollstab in der Hand, wie die leibhaftigen Bourgeois. Andere fuchtelten wild mit Pauspapier, Ziffern, dem Goldenen Schnitt. Wieder andere setzten überhaupt nur noch Grundrisse zusammen.

Apollinaire ging von Gruppe zu Gruppe und wurde es müde.

Dieser Überdruß ging zweifellos jenem Sichgehenlassen voraus, das ihn dem Tod zuführte. Ihn drängte es nach erlesenen Überraschungen. Er härmte sich ab. Er beklagte seine Generation, nannte sie hingeopfert, mit dem Hintern zwischen zwei Stühlen sitzend. Er suchte bei dem nie erlahmenden Picasso Zuflucht. Da das Echte selig ist in sich selbst, ahnte er auch nicht einen Augenblick, daß ihm bestimmt war, fortzugehen und zum Sternbild zu werden.

Diese Konstellation hat die Form seiner Verletzung, einer Wunde, die ihm ein Bild von Giorgio de Chirico prophezeit hatte.

So ist das Wohl und Wehe in unserm Bereich. Alles vollzieht sich dort nach dem Maß einer Mathematik, der unseren, die der Mathematiker verwirft. Dort werden letzten Endes keine Rechenfehler gemacht. Alles ist von Anfang bis zum Ende ein einziger Verstoß.

Auf der Felsspitze, wo wir, die dem Schiffbruch Entronnenen, bald nur noch eine Handvoll sein werden, dort singt Apollinaire. Sieh dich vor, Handlungsreisender! Das ist Loreleis Gesang.

Es handelt sich hier nicht darum, eine Studie zu schreiben. Das ist nicht mein Anliegen. Ich beschränke mich auf ein paar Zeilen, die einen Umriß nachzeichnen, eine Besonderheit festhalten, das lebende Insekt aufspießen, so wie ich beim Profil von Georges Auric durch einen einfachen, aber richtig sitzenden Augenpunkt die Ähnlichkeit erziele. Andere werden Apollinaire analysieren und, wie sich's gehört, seine Magie auf die Wunderkraft der Heilkräuter zurückführen. Er botanisierte von der Seine bis zum Rhein. Die Mixturen, die er über einer Spiritusflamme im Blechnapf löffelrührend zusammenbraut, bezeugen die lockende Zauberkraft, die alle Sorten von Sakrilegien auf sein episkopales Gemüt ausgeübt haben. Man stellt sich ihn ebenso als den knienden Meßdiener des Regimentsgeistlichen, wie als den Zelebranten einer schwarzen Messe vor, man sieht ihn ebensogut Granatsplitter aus einer Wunde ziehen, wie eine Wachsfigur über und über mit Nadeln bestecken. Ebenso auf dem Sessel des Inquisitors wie auf dem Scheiterhaufen Spaniens. Er ist sowohl Herzog Alexander wie Lorenzaccio.

VOM LACHEN

Die Gabe, hellauf lachen zu können, bezeugt ein vortreffliches Herz. Ich hüte mich vor allen, die das Lachen unterdrücken und sich seiner Offenheit versagen. Sie fürchten, den Baum zu schütteln, sie geizen mit Früchten und Vögeln, sie bangen, man könnte gewahr werden, daß sich nichts von ihren Zweigen löst.

Wie Herz und Geschlecht, so schwillt auch das Lachen an, um sich zu erfüllen. Es wird nur durch das, von dem es erregt wird, zum Anschwellen gebracht. Es erhebt sich nicht nach Wunsch und Willen.

Diese Art der Erregung ist den gleichen Gesetzen unterworfen wie die der Sinne, denn was die einen zum Lachen bringt, reizt andere nicht dazu an. Und ich kenne welche, die sich gleichzeitig mit mir vor Lachen ausschütten, während andere Anwesende nur die Grimasse des Lachens aufstecken, uns nicht zu begreifen vermögen und sich zuweilen einbilden, sie seien die Zielscheibe unsres Gelächters.

Der automatische Ablauf des Lachens ist unwiderstehlich. Es geschieht nicht selten, daß uns der Lachreiz während Trauerzeremonien plagt, die ihm offiziell keinerlei Anlaß bieten.

Das unbarmherzige Lachen angesichts eines Sturzes wird von Bergson einer plötzlichen Unterbrechung des Gleichgewichts zugeschrieben, wodurch der Mensch sich deshumanisiert und zum Hampelmann wird. Andere Philosophen widersprechen dieser Ansicht. Sie behaupten, der an seine künstliche Mechanisierung gewöhnte Mensch höre durch den Sturz auf, Hampelmann zu sein, und zeige sich mit einmal so, wie er wirklich ist. Und eben diese unvermutete Enthüllung des Menschen durch den Menschen ruft nach ihrer Meinung das Lachen hervor.

Mich stört daran, daß dieses Verfahren weder von dem einen noch von den anderen bis zur Untersuchung des Gelächters über Kunstwerke vorgetrieben wird. Da die von neuartigen Werken ausgelöste Überraschung zu einem Bruch zwischen Gewohnheiten des Geistes und der ihm dargebotenen Neuartigkeit führt, strauchelt das Publikum. Die Folge sind Sturz und Gelächter. So läßt sich vielleicht das Gelächter der Menge erklären, die sich, außer durch Tränen oder Geschimpfe, nicht anders auszudrücken vermag.

Ich schätze den Schabernack, will ihn aber als ausgiebiges Spiel mit dem Anschein der Wirklichkeit. Hecke ich Namen, Orte und Umstände aus, sollen sie glaubhaft und gewichtig sein. Es bereitet mir ausgesprochenes Vergnügen, dieses Spiel mit geschickten Spielern zu treiben. Den Freunden*, bei denen ich wohne, sitzt das Lachen locker. Sie sind Meister in diesen Fechtübungen des Witzes. Sie geben sich ihnen vorbehaltlos hin. Die Folge ist, daß zahlreiche Besucher diese Phantasiegebilde für Wirklichkeit halten und so, ohne dessen gewahr zu werden, zu ihrer eigenen Mystifizierung beitragen.

Sobald ein Dritter die Regeln kennt und sich einmischt, aber das Spiel verdirbt, kurz, sobald er *albert*, zeige ich ihm die kalte Schulter und ersuche darum, daß man das Spiel abbricht. Denn spielen heißt nicht den Hanswurst machen, und die landläufigen Witze reizen meine Lachlust nicht. Sie taugen nur dann etwas, wenn sie sich zwanglos

* Vilmorin.

in die Unterhaltung einfügen. Nichts ist seltener als eine Gesellschaft, die sich heiter unterhält und Einfälle nicht mit Kalauern verwechselt.

Gewöhnlich redet jeder kreuz und quer durcheinander. Man schnattert drauflos und alle Welt schwätzt zur gleichen Zeit. Deshalb halte ich mich an die Gesellschaft, die mir vertraut ist und die gleiche Sprache spricht wie ich.

Als ich letzthin wieder einmal mit konfusen Leuten dinieren mußte, plapperte meine Nachbarin von dem nach Balzac gedrehten Giraudoux-Film *La Duchesse de Langeais*, der im *Biarritz* läuft. Als ich Balzac zitierte, verbesserte mich die Dame: ich täusche mich, der Film laufe nicht im *Balzac* (Kino an der Ecke der Rue Balzac), sondern im *Biarritz*.

Man lebt zu sehr mit dem Kopf unterm Flügel. Man scheut sich einfach, den Grad der Unkultur und die Geisteswirrnis, darin die meisten herumtappen, zur Kenntnis zu nehmen. Aus Vorsicht übt man sich darin, mit leicht kurzsichtigen Augen und leidlich tauben Ohren durch die Masse zu gehen. Aber die mondäne Gesellschaft bekleckert uns, stößt uns mitten in den Dreck hinein. In ihr zu verkehren, ist ungesund. Wir kommen danach wie zerschlagen nach Haus, von oben bis unten verballhornt, entmutigt bis in die Knochen.

Die Dummheit schmeißt uns um und reizt schwerlich zum Lachen. Sie stimmt uns eher trübselig und wirkt überdies ansteckend. Nur vor Menschen, die den Ball aufzufangen verstehen, gehen wir aus uns heraus, schließen wir uns völlig auf. Ich rede gern. Ich höre gern zu. Ich habe es gern, wenn man mit mir redet und wenn man mir zuhört. Ich liebe das Lachen, das auf Anhieb aufsprüht.

Ich denke an den Sommer zurück, den ich bei Madame Casimir-Périer (Madame Simone) in Trie-Château verbrachte, mit Péguy, Casimir-Périer und Alain-Fournier, der den *Grand Meaulnes* schrieb. Wir ließen uns von Lachkrämpfen schütteln, die ein Wort beim Schlafengehen erneut entflammte, bis wir uns auf der Treppe wälzten, die zu unseren Zimmern hinaufführte. Und da lagen wir bäuchlings, vom Lachen an die Stufen festgeheftet, bis zum Morgengrauen.

Ich bin gutes Publikum. Im Theater, im Kino weine und lache ich, ohne daß sich mein Krittelgeist regt. Nichts kann mir die Freude verderben, wenn es einer Kraft entspringt, die mich packt, an verwandte Schultern lehnt und zwingt, mich mittreiben zu lassen.

Mein kritisches Vermögen zieht hingegen sofort vom Leder, wenn gewisse Werke es darauf anlegen, andere Schichten in mir aufzurühren, Schichten, denen weder das Lachen noch die Tränen entstammen und woher uns die Tränen nur angesichts der bevorrechteten Schönheit in die Augen steigen.

Ich liege oft mit mir im Widerstreit, kenne aber auch lange Zeiten, in denen ich mich hinnehme, wie ich bin. Gegenwärtig durchlebe ich eine solche Periode. Wenn ich mich auch ein wenig in Bewegung erhalte, so schließt das nicht aus, daß ich mich eigentlich im Kreis drehe. Was sollte da aus mir werden ohne das Lachen? Es befreit mich von allem Verdruß. Es lüftet mich aus. Es öffnet meine Türen und Fenster. Es durchspült meine Möbel. Es schüttelt meine Vorhänge aus. Es ist das Zeichen dafür, daß ich der Ansteckung durch die vegetabile Welt, in der ich mich bewege, nicht völlig verfalle.

Obwohl ich aus Filmen über das Pflanzenleben weiß, daß die heitere Hoheit der Natur ein Märchen ist, daß wir nur daran glauben, weil ihr Lebensrhythmus sich von dem

Reynaldo chante "l'île Heureus"

unseren unterscheidet, daß ein Garten beständig der Geilheit, dem Laster, der Gier, der Angst, dem Haß, den Aufpeitschungen aller Arten ausgesetzt ist, daß er in dauernder Überspannung der Nerven lebt und, so meine ich, das befreiende Lachen nicht kennt.

Denn hier ist Dantes Inferno. Jeder Baum, jeder Strauch windet sich in Martern an dem zugewiesenen Platz. Die Blüten, die sie treiben, gleichen Notfeuern und Hilferufen.

Ein Garten wird unaufhörlich geschwängert, geschändet, verwundet, zerfleischt von Ungeheuern mit Panzerhemden, Fittichen und Krallen. Seine Feinde spotten der kindlichen Waffen, mit denen er sich aufs Geratewohl bespickt. Seine Dornen beweisen uns seine Angst und erwecken in uns dennoch mehr den Eindruck einer ständigen Gänsehaut als den eines Kriegsarsenals.

In Pramousquier am Cap Nègre habe ich einen gezüchteten Orangenbaum den Kopf verlieren sehen. Er war in voller Sonne herangediehen. Dann überschattete ihn eine Palme. Ihr Schatten jagte ihm Entsetzen ein. Auf vier Ästen, die im Palmenschatten lagen, trieb er lange Dornen. Er verwilderte an dieser Stelle. Man hieb die Palme um. Die Äste beruhigten sich und wurden wieder heimisch. Ihre Auswüchse bildeten sich zurück. Im folgenden Jahr fand ich sie wieder ebenso glatt wie die übrige Rinde. Sie waren mit dem bloßen Schreck davongekommen. Dieser Orangenbaum, dafür lege ich die Hand ins Feuer, hat die Sache nicht auf den leichten Ast genommen, und selbst des verdächtigen Schattens ledig, war ihm nicht zum Lachen zumut.

Streut man Samen, wächst eine neue Generation der Pflanzen heran. Züchtet man Ableger, setzt sich die gleiche Pflanze ins Unendliche fort. (Dabei fängt sie wieder jung an.) Warum entdeckt man nicht ein der Erde vergleichbares Element, das die Verewigung des Menschen ermöglicht, da doch sein ganzes Wesen mit Blick, Stimme, Gehaben sich in der kleinsten seiner Zellen vorfindet, so daß er, pflanzt man einen Span seines Fingernagels, darin Keime treiben und neu beginnen würde? Nun, weil man eben nichts ohne Gegenleistung erhält. Die Pflanzen bezahlen ihr Vorrecht des Fortlebens mit der Qual des engen Lebensraums, der Ortsgebundenheit, der hölzernen Starre, des Verzichts auf die (relative) Bewegungsfreiheit, die der Mensch besitzt und die er mit der Erkenntnis seines Pferchs und mit dem Tode teuer genug bezahlt.

Bestimmte Baumgattungen pflanzen sich selbst durch Absenken fort, sie richten einen Zweig zur Erde und feiern von diesem Reis aus fröhliche Urständ, einem anderen Lebensalter zugehörig, aber sich selber gleich. Diese Gattungen kommen ohne menschlichen Beistand aus. Ja, sie würden darüber lachen, wäre es ihnen gegeben. Aber das Lachen ist das uns verliehene große Vorrecht.

Unsre Erkenntnis erleichtert sich durchs Lachen. Seine Leichtheit tröstet uns darüber hinweg, daß wir den Weg zur Hinrichtung mit so schweren Sohlen gehen. Die falsche Gravität verabscheut das Lachen, weil es die Seele enthüllt. Es entkleidet sie wie ein Blitzschlag. Ich hörte einmal durch eine Tür hindurch das Gelächter eines Menschen, dem zu mißtrauen ich keine Veranlassung hatte. Sein greuliches Gelächter entlarvte ihn mit einem Schlag so, wie er sich dann später tatsächlich entpuppen sollte.

Das Lachen kann auch auf umgekehrte Weise wirken, und eine Seele, der die unsre sich zuerst verschloß, kann durch ein offenes kindhaftes Lachen unsre Zurückhaltung überwinden.

Ich kenne einen hochinteressanten Fall hemmungsloser Lachlust. Im Jahre 1940 preßte Deutschland seine Jugend zur Arbeit in den Rüstungsbetrieben. Ein junger Mann aus Essen wurde von Krupp entlassen, weil er aus dem Lachen nicht herauskam. Man versetzte ihn von einem Werk ins andre. Er wurde von allen weggeschickt, weil ihm das Lachen nicht auszutreiben war. Nicht, daß man ihn bestrafte. Man konnte ihm nichts zur Last legen. Man schaffte sich ihn vom Hals. Man schickte ihn nach Hause und schrieb auf seinen Entlassungsschein, den ich 1946 zu Gesicht bekam: »Unverbesserliche Leichtfertigkeit.«

Das Lachen im Menschen abtöten ist ein Verbrechen. Man begeht es, sobald man ihn in die politische Problematik hineinzieht und ihn zwingt, sich tierisch ernst zu nehmen, und wenn man ihn nach seiner Meinung über Dinge befragt, die er nicht wissen kann. Er verlernt das Lachen. Er bläht sich auf. Und genauso geht es zu, wenn man ihn nicht befragt und mit der Knute regiert.

Pierre Roy, über seine politische Haltung konsultiert, erklärt mir: »Ich bin gemäßigter Anarchist.« Ich frage mich, ob er nicht die einzig richtige Formel gefunden hat und ob nicht ganz Frankreich auf diese Farben schwört.

VOM UNERFÜLLTEN SEIN

Es handelt sich nunmehr darum, in diesem Haus, wo ich den Schlaf wiederzufinden trachte, mein Dasein abzuzirkeln. Ich habe jeden Briefwechsel mit Paris eingestellt. Dort öffnet man die eingehenden Briefe und schickt mir nur die allerwichtigsten zu. Ich stehe mit niemand in Verbindung. Mein Nesselfieber hingegen macht sich wieder bemerkbar. Ich beobachtete erneut, daß es sich gern pudelwohl fühlt und von meinem Dahinvegetieren profitiert. Arme, Brust, Stirn brennen wie Feuer. Ich werde wohl unheilbar bleiben, da dies Übel von gleicher Herkunft ist wie das Asthma, und so kann ich lediglich mit einem Auf und Ab rechnen. Ich gehe der einst vielgeliebten Sonne aus dem Weg. Im Schatten folge ich ihrer Bahn. Die übrige Zeit schließe ich mich ein. Ich lese und schreibe. Die Einsamkeit nötigt mich, Robinson und seine Insel zu sein und mich selber zu durchforschen. Ich verwende darauf nicht Einsicht, die mir abgeht, wohl aber Beherztheit, die mir zu eigen ist und die mir die mangelnde Klugheit ersetzt.

Unfähig, einer vorgeschriebenen Bahn zu folgen, gehe ich völlig planlos vor. Ich kann nicht lange einer Idee nachlaufen. Ich lasse sie entwischen, wenn es darauf ankommt, sie anzupirschen und zu überrumpeln. Mein ganzes Leben lang oblag ich der Gedankenjagd auf diese Art, da mir's nun einmal nicht besser gelingen will. Man täuscht sich, wenn man meine Zufallstreffer auf Geschicklichkeit zurückführt und es für Strategie hält, wenn ich einen Bock schieße. Kein Mensch war jemals von soviel Unverständnis, soviel Liebe und soviel Haß umgeben, und wenn das Bild, das man sich von mir macht, alle verdrießt, die von fern über mich urteilen, so gleichen diejenigen, die sich mir nähern, der Belle, die vor dem Tier zaudert, bis sie das gütige Geschöpf entdeckt, das nichts anderes im Schilde führt, als ihr Herz zu rühren.

Ich darf sagen, daß meine schönsten Freundschaften eben diesem Kontrast entsprangen.

Die Legenden, die mich umstellen, halten die Dummköpfe von mir fern. Der Intelligenz bin ich verdächtig. Wer zwischen beiden bleibt mir gewogen? Die fahrenden Leute, die mir gleichen, ihren Standort öfter wechseln als ihr Hemd und ihr kurzes Aufenthaltsrecht jeweils mit einer Schaustellung erkaufen. Daher zeigt sich meine Einsamkeit nie als Schweigsamkeit. Nur zeige ich mich erst bei dem einladenden Vorspiel oder zur Stunde meines Auftritts. Dafür entschuldige ich mich bei allen, die mit mir im Zirkuswagen hausen und die daraus schließen mögen, daß ich ihnen das Ärgste zugedenke, denn sie bekommen nur meinen Unstern zu Gesicht.

Mich plagt, wie alle Vagabunden, der Trieb nach dem eigenen Dach überm Kopf. Ich suche eines auf dem Land. Finde ich's, so will mir's der Besitzer nicht verkaufen, weil ihm angesichts meines Überschwangs die Augen aufgehen, oder er verlangt mir zuviel dafür ab.*

* Nach der Drucklegung dieser Seiten habe ich das Haus erstanden, das mich erwartete. In ihm sehe ich die Druckfahnen durch. Fern den Klingeln und Schellen des Palais Royal ist es meine Zuflucht. Es führt mir die prachtvolle absurde Hartnäckigkeit des pflanzlichen Daseins beispielhaft vor Augen. Dort bringe ich Ordnung in meine Erinnerungen an frühere Landaufenthalte, als ich so von Paris träumte, wie ich später in Paris darauf sann, die Flucht zu ergreifen. Die Flut der Wassergräben und die Sonne bemalen meine Zimmerwände mit ihrer gleitenden, gleisnerischen Marmorierung. Und überall jubelt der Frühling.

In Paris treibe ich nichts Passendes auf. Die Wohnungen, die man mir anbietet, schrecken mich ab. Ich möchte, daß sie mir zurufen: »Ich habe dich erwartet.«

Gewohnt, mich aufs Unverhoffte zu verlassen, wurzle ich in meinem Schlupfwinkel ein.

»Ich verspüre eine gewisse Schwierigkeit, zu sein.« Das gab der hundertjährige Fontenelle zur Antwort, als er im Sterben lag und der Arzt ihn fragte: »Was spüren Sie, Herr Fontenelle?« Nur war eben seine Schwierigkeit die der letzten Stunde. Die meine datiert von eh und je.

Es muß wie im Traum sein, wenn man sich in seiner Haut wohlfühlt. Ich trage von Geburt an eine schlecht verstaute Fracht mit mir herum. Ich befand mich niemals im Lot. So lautet die Bilanz meiner Selbstprüfung. Und statt mich bei dieser unseligen Beschaffenheit in meiner Stube zu vertäuen, trieb ich mich auf allen Wellen herum. Seit meinem fünfzehnten Lebensjahr habe ich nicht eine Minute lang ausgesetzt. Immer wieder begegne ich dem einen oder dem andern, der mich duzt und den ich nicht wiedererkenne, bis dann eine unbegreifliche Hand den ganzen Schauplatz eines längst vergessenen Vorfalls, bei dem der Betreffende seine Rolle und ich die meine spielten, unversehens dem Dunkel enthebt. Ich war in eine solche Menge von Vorgängen verstrickt gewesen, daß sie mir nicht nur einzeln, sondern schockweise dem Gedächtnis entfallen. Eine Grundwelle wirbelt sie an die Oberfläche mit »allem, was darinnen ist«, wie die Bibel sagt. Unglaublich ist, daß lange Perioden, die man bis in die kleinsten Umstände hätte durchleben sollen, so wenig Spuren hinterlassen. Daher kommt's, daß ich beim Durchwühlen meiner Erinnerungen immer zuerst eine Figur ausgrabe, an der noch die Erde haftet. Wenn ich dann den Daten, Aussprüchen, Orten, Vorgängen nachspüre, verwechsle ich Zeit und Stätte, bringe alles durcheinander, datiere vor, gehe zu weit zurück und weiß schließlich nicht mehr ein noch aus.

Mein Hauptanliegen ist, eine mir entsprechende Aktualität zu leben. Ich behaupte nicht, daß sie rascher läuft als die andere, aber sie ist mir nun einmal genehm. Diese meine Zeitgemäßheit löscht die Zeit so gründlich aus, daß es mir möglich wird, mit Delacroix und Baudelaire zu plaudern. Sie erlaubte mir, den damals noch unbekannten Marcel Proust als berühmt einzuschätzen und so vor ihn hinzutreten, als besäße er schon den Ruhm, der ihm eines Tages zuteil werden sollte. Als ich entdeckt hatte, daß mir diese Art von Zeitenthobenheit als Privileg gegeben ist und daß es zur Erwerbung besserer Vorrechte zu spät war, da habe ich mich darin ausgebildet und mich mehr und mehr darein versenkt.

Aber mit einmal *öffne ich ein Auge*: ich sehe heute ein, daß ich, um des Nachdenkens enthoben zu sein, das ungeeignetste Verfahren anwandte, daß ich mich mit geringen Geschäftigkeiten abrackerte, die uns versklaven und verbrauchen, und daß ich Hans Dampf in allen Gassen war. Ich versteifte mich darauf, wurstelte mechanisch weiter. Ich war diesem Treiben so verhaftet, daß ich den Notwehrinstinkt, der mich zur Revolte anhielt, mit dieser unleidlichen Betriebsamkeit verwechselte.

Heute weiß ich um das Gleichmaß Bescheid. Sobald ich ein Auge öffne, schließe ich das andre und nehme schleunigst Reißaus.

VON DEN WORTEN

Nicht die geringste Bedeutung messe ich dem bei, was man gemeinhin Stil heißt, und woran einen Autor zu erkennen man sich rühmt. Ich will an meinen Ideen erkannt werden, oder besser noch: an meinem Verhalten. Ich will mich nur so kurz und bündig wie möglich zu Gehör bringen. Ich habe bemerkt, daß der Geist, wenn ein Buch ihn nicht fesselt, leicht zum allzu flüchtigen Lesen neigt und sich in seinem Dahinschlittern noch bestärkt. Daher schrieb ich dieses Buch sozusagen im Zickzackstil, der den Leser zwingt, sich nicht einfach stracks dahingleiten zu lassen, sondern immer wieder zurückzugehen und die Sätze noch einmal zu lesen, um den Faden nicht zu verlieren.

Wenn ich ein Buch lese, wundere ich mich über den Reichtum an Wörtern, denen ich darin begegne, und dann träume ich davon, sie gleichfalls zu verwenden. Ich schreibe sie mir heraus. Aber während der Arbeit denke ich nicht mehr daran. Dann beschränke ich mich auf mein Vokabular. Mir gelingt nicht, von ihm abzuweichen, und es ist so unzureichend, daß mir die Arbeit manch harte Nuß zu knacken gibt.

Nach jeder Zeile frage ich mich, ob ich überhaupt weiterkommen werde und ob die mögliche Zusammenstellung der wenigen Wörter, die immer die gleichen sind, nicht eines Tages sich derart leerläuft, daß ich mich zum Schweigen gezwungen sehe. Das würde zwar niemandem zum Schaden gereichen, aber mit den Wörtern ist's wie mit den Zahlen oder den Buchstaben des Alphabets.

Immer und ewig fügen sie sich neu auf dem Grund des Kaleidoskops.

Wie gesagt, ich beneide die anderen um ihren Wortschatz. Zweifellos deswegen, weil er nicht der meine ist. Jeder Autor hat seinen Lottobeutel, mit dem er eben gewinnen muß. Ich lehne den allzu wortreichen Stil ab, dessen typischer Vertreter Flaubert ist, und ich liebe den Stil der Montaigne, Racine, Chateaubriand, Stendhal, den Stil, der mit Worten haushält. Man würde sie rasch gezählt haben.

Das ist die Hauptsache, auf die ein Lehrer die Aufmerksamkeit seiner Klasse lenken sollte, statt schillernde Satzbauten zu preisen. Die Schüler würden rasch einsehen lernen, daß der Reichtum in einer gewissen Knappheit besteht und daß *Salammbô* ein Bettelkram ist und *Le Rouge et le Noir** ein Schatz.

Die an Farbigkeit und Klangschönheit reichen Wörter sind ebenso schwer anzubringen wie in der Kleidung die auffallenden Schmuckstücke und die grellen Farben. Damit wird sich eine elegante Frau niemals verunstalten.

Ich wundere mich immer wieder über Klassikerausgaben, deren Fußnoten einen Text zu erhellen vorgeben und ihn statt dessen nur zerstückeln und auswalzen. So geschieht es regelmäßig mit Montaigne, dem es doch auf nichts anderes ankommt, als genau das auszusprechen, was er sagen will, und der auf Biegen oder Brechen dazu gelangt, indem er sein Satzgefüge nach eigenem Gutdünken zurechtknetet. Dieser Art, über den Satzbau frei zu verfügen, ziehen die erläuternden Ausgaben gewöhnlich die Leere vor, wenn sie sich nur mit Anstand aufbauschen läßt.

* [*Anm. d. Hrsg.:* Ersteres ein Roman von Flaubert, letzteres einer von Stendhal.]

Die gelegentliche Verwendung eines ausgefallenen Wortes, falls es an den rechten Platz zu stehen kommt und die Sparsamkeit des übrigen unterstreicht, soll damit nicht verworfen werden. Allerdings rate ich, es nur dann zuzulassen, wenn es nicht allzusehr glitzert und sprüht.

Die Wörter dürfen nicht dahinplätschern, sie sollen sich fest ineinanderfalzen. Ihre Verve verdanken sie einem Grottengefüge, durch das die Luft ungehindert streichen kann. Das *und* ist ihnen als Mörtel ebenso unerläßlich wie *der, daß, was, dessen.* Die Prosa ist kein Tanz. Sie geht im Schritt. An diesem Ausgreifen (und Eingreifen) erkennt man ihre besondere Art, erkennt man das Gleichgewicht, das dem Eingeborenen eignet, der seine Bürde auf dem Kopf dahinträgt. Das bringt mich auf den Gedanken, daß die elegante Prosa Funktion des Gepäcks ist, das der Schriftsteller in seinem Kopf mit sich trägt, und daß sich jede andere Prosa von einer Choreographie herleitet.

Vor geraumer Zeit wollte ich einmal eine bestimmte Prosa, der damals meine Vorliebe galt, gewissen Leuten nahebringen, die für sie unempfänglich blieben. Als ich diese Prosa in dem ängstlichen Gefühl, nicht überzeugen zu können, laut vorlas, enthüllte sie alle ihre Gebrechen.

Diese Schlappe ließ mich künftig auf diesem Gebiet vorsichtiger sein. Ich fing an, allem zu mißtrauen, was mich auf den ersten Blick entzückte. Allmählich lernte ich, mich nur für jene Werke zu begeistern, denen die Schönheit innewohnt, ohne daß ihr Verfasser dessen gewahr wird und sich vornehmlich damit beschäftigt.

Auch wenn ein Vokabular nicht dem meinen entspricht, so kommt es doch vor, daß ich darin einem Fachausdruck begegne, den ich übernehme. Als Beispiel nenne ich die Wendung, die in Logbüchern häufig wiederkehrt: *Meiner*

Schätzung nach. Sie sagt aufs trefflichste, was sie sagen will, und ich übernehme sie in Ermangelung einer besseren.

Die französische Sprache ist schwierig. Sie versagt sich gefälligen Verwischungen. Gide drückt das ganz prächtig aus, wenn er sagt, sie sei ein Piano ohne Pedale. In ihr kann man keine Akkorde verschwimmen lassen. Sie wirkt sozusagen »auf dem Trockenen«. Ihre Musik richtet sich mehr ans Gemüt als an das Ohr.

Was bei den Klassikern als Sprachmusik eingeschätzt wird, ist häufig nur zeitbedingter Zierat. Dem entgehen selbst die Großen nicht, wenn sie auch darüber hinwegkommen. Bei den Kleineren merkt man die Künstelei. Célimène und Alceste scheinen die gleiche Sprache zu sprechen.

Es ist wahrscheinlich, daß die disparatesten Sprachen unsrer Epoche sich allesamt zu einer neuen verschmelzen werden. Der Stil wird dann allenthalben fast der gleiche sein. Der einzige Unterschied wird nur noch in dem, was zum Ausdruck gebracht wird, und in der Klarheit der Äußerung bestehen.

Abgesehen von ihrem Sinn, verfügen die Wörter über magische Gewalt, Macht der *Beschwörung*, hypnotisierende Kraft und über ein Fluidum, das außerhalb ihres innewohnenden Sinnes wirkt. Aber es wirkt sich nur aus, wenn man sie zusammenfügt, und gelangt nicht zur Wirkungsfülle, wenn das Gefüge, das sie bilden, in einer bloßen Aneinanderreihung besteht. Der Akt des Schreibens ist folglich mit mehreren Zwängen verbunden: er muß Aufmerksamkeit erregen, Ausdruck verleihen und im Zauber bannen. Die Verzauberung wird uns von nichts und niemand beigebracht, sie ist unser eigenes Verzaubertsein, und es kommt darauf an, daß die Wortfolge unserem Wesen entspricht, um ihre volle Wirkung tun zu können. Die Wörter stehen, im Grunde genommen, an unserer Stelle und sollen die Abwesenheit unserer Blicke, unserer Gesten, unseres ganzen Daseins wettmachen. Sie können folglich nur auf Menschen wirken, die für solche Dinge empfänglich sind. Für die anderen sind sie toter Buchstabe und werden, fern von uns und nach unserem Hinscheiden, nichts als toter Buchstabe bleiben.

Die magische Gewalt des Wortgefüges bewirkt, daß ich nicht aus freien Stücken mit einem Schriftsteller, gleichgültig welcher Epoche, Zwiesprache halten kann. Denn die Worte sind es, die mich ihm zuführen. Ich befrage ihn. Das geistige Gerüst des Wortgefüges gibt mir zu verstehen, was er geantwortet hätte. Oder aber ich finde, wie es zuweilen eintrifft, die von ihm fix und fertig geschriebene Antwort vor.

Dieses mein Buch will nichts anderes als ein Gespräch mit seinen Lesern führen. Es ist das Gegenteil einer Vorlesung. Ich habe das Gefühl, daß es dem, der mich kennt, nur wenig Neues bietet. Es geht darauf aus, Unbekannten zu begegnen, die gewünscht hätten, mich kennenzulernen und mit mir über all das Rätselhafte zu plaudern, dem Europa den Rücken kehrt und von dem bald nur noch der Mund vereinzelter chinesischer Mandarine murmelt.

Die Art der Wortfügung wirkt sich in so hohem Grade aus, daß Philosophen, deren Weltsysteme immer wieder durch andere verdrängt werden, nicht durch das, was sie sagten, sondern durch die Weise, *wie* sie es sagten, im Gedächtnis haftenbleiben. Welcher von ihnen verdankt den Ruhm nicht seiner schriftlichen Äußerung oder zum mindesten der besonderen Herausarbeitung eines Irrtums? Wir wissen heute, daß Descartes irrt, und lesen ihn dennoch. Demnach ist es das Wort, das fortbesteht, weil es die Anwesenheit eines Menschen in sich birgt, weil es sein fleischliches Dasein verewigt.

Man verstehe mich recht. Ich spreche nicht vom Wort, mit dem sich ein Gedanke schmückt. Ich spreche von einer Wortarchitektur, die so einzigartig, so tragfähig ist und mit dem Architekten so vollkommen übereinstimmt, daß sie ihre Wirksamkeit auch in einer Übertragung bewahrt.

Bei Puschkin liegen die Dinge so, daß er sich nur in seiner eigenen Sprache und in keiner anderen mitzuteilen vermag. Sein Zauber überwältigt den Russen, welcher Richtung auch immer er angehört. Ein solcher Kult kann nicht ausschließlich einer Sprachmusik gelten, und da uns der Sinn ziemlich gewürzlos übermittelt wird, muß doch wohl eine bestimmte Hexerei im Spiele sein. Ich schreibe es dem Tropfen schwarzen Blutes zu, der in seinen Adern floß. Puschkins Trommelspiel ist eine Sprache. Ändert man den Anschlag, bleibt nur Getrommel.

Gewiß, bei Dichtern ist die Rolle der Worte einschneidender als in der Prosa. Meiner Schätzung nach geht immer etwas vom Grundgewebe aus einer Sprache in die andere über, wenn die Worte fest genug geknüpft sind. Shakespeare liefert dafür den Beweis. Darum erscheint mir der Fall Puschkin als einzig dastehend. Ich habe ihn mir oftmals übersetzen lassen. Der Russe, der sich darangemacht hatte, gab es ebensooft wieder auf und legte mir dar, daß beispielsweise das Wort *Fleisch*, sobald Puschkin es verwendet, nicht mehr *Fleisch* bedeute, wohl aber seinen Geschmack auf die Zunge zaubere, wozu eben nur Puschkin fähig sei. Nun ist aber das Wort *Fleisch* nichts anderes als die Bezeichnung für *Fleisch*. Sich selbst übersteigern kann es nur durch die Wörter, die es einfassen und die ihm jene bemerkenswerte Tragweite verleihen.

Die Eitelkeit flüstert uns ein, unseren Pollen in die Sterne zu streuen. Aber wenn ich's recht bedenke, muß sich der Dichter gerade den Luxus herausnehmen, nur seinen Landsleuten zu gehören. Zweifellos wird Puschkin durch das, was ihn zu beeinträchtigen scheint, viel eher begünstigt und zum Ziel der abgöttischen Verehrung, die ihm die Russen entgegenbringen.

Die Prosa richtet sich weniger als die Poesie nach magischen Rezepten. Je mehr sie sich freilich vom Anekdotischen fernhält, desto mißlicher gestaltet sich ihre Übertragung in eine andere Sprache. Oder aber es kommt zu einem so providentiellen Zusammentreffen wie im Fall Charles Baudelaire und Edgar Poe. Zum Zusammentreffen zweier gleich großer Zaubermeister im Gebrauch der Kräuter, Zutaten und Drogen, im Abwiegen, Brauen und Mischen, im Erwägen der Wirkung, die dies alles in lebenden Wesen erzeugt.

VON DER JUGEND

Ich verkehre gern mit jungen Menschen. Von ihnen lerne ich viel mehr als von den Alten. Ihre Keckheit und ihr Ernst sind Kaltwasserkuren. So pflegen wir unsre Gesundheit. Die uns obliegende Verpflichtung, der Jugend ein Beispiel zu geben, zwingt uns überdies, gerade Wege zu gehen. Ich verstehe, daß zahlreiche Zeitgenossen den Kontakt mit ihr vermeiden, den ich suche. Sie reibt uns auf, weil sie sich beständig mit irgend etwas herumschlägt und nicht zu wissen scheint, worauf sie eigentlich hinauswill.

Die Kindheit weiß, was sie will. Sie will über die Kindheit hinauswachsen. Ist es soweit, beginnt das Ungemach. Denn die Jugend weiß, was sie nicht will, bevor sie sich darüber im klaren ist, worauf sie abzielt. Was sie auf jeden Fall nicht will, ist das, was unsereiner will. Sie gibt sich mit uns ab, um den Gegensatz auszukosten. Wenn sie zu wollen anfängt, weiß ich's zuweilen früher als sie selbst. Meine Ohren eines Zirkuspferdes erkennen die Musik. Richtig getippt!

Ich denke an die Zeit zurück, da Radiguet die Waffen, die er gegen uns richtete, aus der Tasche zog. Ich wandte sie gegen mich selber. So geschieht es allemal, wenn ich junge Menschen entdecke. Ich gelte als der Gebende, und dabei sind sie es, die mich beschenken. Ich schulde ihnen alles.

Nichts ist läppischer als die Motive, die man meiner Vorliebe für die Jugend unterschiebt. Der Ausdruck ihrer

Gesichter ist's, der mich anzieht. Diese Art der Schönheit flößt nur Hochachtung ein.

Ich verlange keinen Respekt als Gegenleistung. Die Jugend ist bei sich selber, wenn sie bei mir ist. Ich beobachte, daß sie dann meine Bejahrtheit übersieht, und empfinde darüber die gleiche Verwunderung, als hätten mich die Hierophanten von Memphis als einen der Ihren empfangen.

Die gleiche Auszeichnung wurde Erik Satie und Max Jacob zuteil. Immer wieder sah ich sie Arm in Arm mit jungen Menschen.

Ich spreche hier von der großstädtischen Jugend, die sich kein X für ein U vormachen läßt. Sie kennt ihre Pappenheimer. Sie entdeckt rasch eine geistige Ahnenreihe von anarchistischer Tradition. Sie bekennt sich zu ihr. Sie verbeißt sich darein. Sie übt sich darin im Undank. Sie rechnet damit, eines Tages genügend stark zu sein, um sie zu meucheln und das Haus in Brand zu stecken.

Die Provinzjugend geht anders vor. Sie schickt uns Briefe. Sie schüttet ihr Herz aus. Sie ruft um Hilfe. Sie will ihr Milieu mit einem anderen vertauschen, das imstande ist, sie zu verstehen und ihr unter die Arme zu greifen. Ist sie erst einmal zu Fuß von ihrem Charleville aufgebrochen (denn Rimbaud spukt noch immer in ihnen), dann hat sie rasch die rechte Gangart heraus.

Es wäre daher töricht, von der Jugend Dankbarkeit zu erwarten, und sich damit zu brüsten, daß sie sich zu uns flüchtet. Sie liebt uns nur insoweit, als unsre Fehler sie aufklären und unsre Schwächen ihr zur Ausrede dienen, und nur insoweit, als wir verbraucht und ihr darum auf Gnade oder Ungnade ausgeliefert sind. Aber gerade diese Verquickung müssen wir zu unserem Vorteil ausmünzen, wir müssen von ihr ebenso profitieren wie sie von uns profitiert.

Unsre Werke gelten ihr als dummes Zeug. Sie dienen ihr nur dazu, um sich daran die Hauer zu wetzen.

Es ist lächerlich, die Jugend als einen Mythos einzuschätzen oder sie als ein Ganzes zu betrachten. Andrerseits ist es ebenso lächerlich, sie zu scheuen, von ihr Abstand zu halten, ihr die Tür vor der Nase zuzuschlagen, bei ihrem Auftauchen die Flinte ins Korn zu werfen.

Gewiß, sie schneidet gern auf. Gewiß, sie ist ungeniert. Gewiß, sie stiehlt uns die Zeit. Na, und wenn schon?

Natürlich wickelt sie uns mit ihren Lügen ein. Natürlich setzt sie eine Maske auf, sobald sie sich an uns heranmacht. Natürlich schwärzt sie uns hinter dem Rücken an und macht uns dafür verantwortlich, wenn sie den falschen Weg einschlägt.

Aber dieses Risiko müssen wir nun einmal eingehen, aus dem einfachen Grund, weil uns diese Jugend immer wieder Hoffnung einflößt, wenn sie uns beweist, daß sie sich dem politischen Zugriff entzieht und das Geheimnis der Flamme weitergibt.

Viele junge Leute haben mir nach langem Umgang gestanden, warum sie zu mir gekommen waren: entweder auf Grund einer Wette oder weil sie meinen Namen auf einem Plakat gelesen haben oder aber aus Widerspruch zu ihrer Familie.

Ihre Einsilbigkeit bedrückte mich. Sie schien mir reich an tausend Vorbehalten. Sie kam lediglich von der Scheu, Dummheiten zu sagen.

Das hinderte mich freilich nicht daran, in die Falltür dieses Schweigens zu purzeln. Denn die Jugend schüchtert uns ein, weil wir in ihr ein Buch mit sieben Siegeln sehen. Daher rührt die Kraft ihres Schweigens. Wir schmücken es auf unsre Kosten aus. Sie braucht nicht lang, um dahinterzukommen und sich dessen als Waffe zu bedienen. Ihre Verschwiegenheit wird System. Sie benutzt jede Gelegenheit, uns zu entwaffnen.

Man sehe sich vor! Nach ihrem Weggang bohrt sich dieses tödliche Schweigen in uns ein, richtet wahre Verheerungen an. Sein Opfer erblickt darin eine Kritik an seinem Tun. Es wägt die Rüge ab. Es pflichtet ihr bei. Die Freude ist ihm vergällt. Es ist wie gelähmt. Mit gesperrtem Schnabel fällt es vom Ast.

Ich kenne Künstler, die, solchen Anfechtungen ausgesetzt, den Boden unter den Füßen verlieren, unfähig sich aufzuraffen und außerstande, ohne ihre Peiniger auszukommen.

Was mich an unseren jungen Ungeheuern zuweilen höchst verwundert, ist ihre Einsamkeit. Wenn sie von uns weggegangen sind, treiben sie sich ziellos in den Straßen herum. Stöhnend erklären sie, keinem Gleichaltrigen zu begegnen, der ihnen zusagt. Manche kommen vom Land herein, wo sie wohnen. Sie verschweigen es. Sie zögern mit dem Aufbruch. Sie versäumen den Zug. Wir geleiten sie zur Tür, ohne zu ahnen, worum es geht und daß sie weder heimkehren noch sich ein Hotelzimmer leisten können. Sie benehmen sich dann so wunderlich, daß ich manchmal befürchte, sie dächten daran, sich zu ertränken. Was tun? Sie sprechen sich nicht aus. Unmöglich, sie aus dem Schlupfwinkel herauszulocken, den sie sich graben, unmöglich, sie in ihrem Absturz aufzufangen, in den uns ihr furchtbares Beharrungsvermögen mitreißen würde.

Aber sie wissen, daß ihnen nicht alle Türen verschlossen sind, daß ich ihre Ängste erwäge, ihnen zuhöre, ihnen zurede, wenn sie selber nicht reden, und ihnen Fingerzeige gebe. Kurz, solche Abendstunden sind der Leere abgewonnen, in der sie sich selber suchen. Der Übergang von

der Kindheit zur Jugend ist die tragischste Zeitspanne. Ich habe es schon erwähnt.

Erinnern wir uns doch an die eigene Tragödie! Ich durchstand sie erst spät, und es ging dabei hart auf hart. Meine Würfel waren gefälscht. Ich war stolz auf den Feldern des Gänsespiels vorgerückt. Aber dann mußte ich von vorn anfangen und nachhinken.

Bekanntschaften, die wir hätten machen sollen und nicht machten, würden unsern Spieleinsatz gesichert haben. Vielleicht sind wir heute für die Heranwachsenden eine dieser notwendigen Bekanntschaften.

Aber auf alle Hilferufe antworten und alle Verzweiflungsbesuche empfangen, ist, Gott sei's geklagt, unmöglich. Das hieße so viel wie einem Selbstmörderklub präsidieren. Hüten wir uns vor den Ertrinkenden, die sich an uns klammern und uns mit sich in die Tiefe ziehen!

Antworten bedeutet einen weiteren Bittbrief auslösen, der wiederum eine Antwort erheischt, und so fort. Kurzen Prozeß machen ließe auf Gleichgültigkeit schließen. Besser ist's, nicht zu antworten und von allen, denen wir die Tür einmal geöffnet haben, nur diejenigen wieder zu empfangen, deren Antlitz ein Zeichen trägt.

Schon dieses Wagnis ist kein geringes.

Warum kommt die studentische Jugend ihrer Aufgabe nicht nach, und worin besteht diese Aufgabe? Ich will es ihr sagen. Sie sollte das Heer der großen geistigen Himmelstürmer sein. Wie aber könnte sie dessen inne werden? Ihr Konformismus verstellt ihr die Sicht. Ein Spaßvogelanarchismus verbirgt ihr die Aufgabe, ein Anarchismus der Spiegelfechterei, der keine Spur von Direktiven aufweist und den sie unbedenklich gegen die edelsten Bestrebungen ins Treffen führt. Ihre Unwissenheit, vereint mit dem

Stolz, den sie darob empfindet (denn sie hält sich für unfehlbar), und mit dem Vergnügen am Randal (so heißt's in ihrer Sprache), all das setzt sie mit sich selber in Widerspruch, ohne daß sie dessen gewahr wird. Indem sie die Kühnheit auspfeift, pfeift sie sich selber aus, nimmt sie freiwillig Partei für ihre Familie, deren Beschlüsse sie in den Wind schlägt.

Zudem widert die Vergangenheit sie an. Die klassischen Werke bedeuten für sie nur Nachsitzen, zerfledderte Schmöker, Hausaufgaben. Keinem fällt es ein, den Staub von den Klassikern wegzuwischen und darunter ihr unverdorbenes Leben aufzuspüren. So wäre sie (unter anderem) darüber höchst erstaunt, daß Racine unter einer Hülle von Zeitgepflogenheiten eine überwältigende Lebensglut verbirgt. Anstatt sich zusammenzurotten, um im Theater über Racines Tragödien zu feixen, würde sie sich die Schauspieler hernehmen, die das Stück verflachen und verhunzen. Aber das Gegenteil tritt ein. Angesichts eines schlechten Komödianten vergessen sie zwar ihre Spottlust. Dafür beklatschen sie sein miserables Spiel.

So taub ist diese Jugend, so blind für das, was geschah, für das, was vor sich geht, für das, was sich vorbereitet. Was bleibt ihr? Verwirrung. Eine Lücke, die sie zustopft, indem sie im Gänsemarsch mit Schildern durch die Straßen zieht und auf die Lampion-Melodie Schimpflieder grölt. So stehen wir allein da, wenn wir uns zu schlagen haben. Uns fehlen die Stoßtruppen. Und auch diese Stoßtruppen wenden sich gegen uns.

Abbé Morel erzählte mir von seinem Picasso-Vortrag in der Sorbonne. Er ließ Picassobilder projizieren. Die studentische Jugend im überfüllten Hörsaal johlte, trampelte, pfiff. Ohne darauf einzugehen, projizierte der Abbé Fotos von Meisterwerken der romanischen Kunst. Seine Hörer hielten sie für Werke von Picasso. Sie pfiffen, trampelten, johlten. Der Abbé hatte damit gerechnet und stupste ihnen die Nase in den Dreck. Und diese Jugend, die ihr eigenes Mystifikationsgeschick den Künstlern andichtet, fand diese Art, auf den Leim gegangen zu sein, höchst ergötzlich und jubelte dem Vogelsteller zu.

Nicht einer der jungen Leute wäre fähig gewesen, zur Sache zu sprechen, nicht einer hätte Picasso mit neueren Waffen schlagen (das heißt ihm noch lebendigeres Leben entgegenhalten) und noch rascher als Abbé Morel voraneilen können, um sich dann zurückzuwenden und ihn zu stellen, Auge in Auge.

Ich will gleich hinzufügen, daß es nicht in meiner Macht steht, zu ermessen, inwieweit die einzelnen Fakultäten uns behilflich sind. Im Vergleich zur philologischen Fakultät ist die wissenschaftliche, so vermute ich, mehr mit sachlich begrenzten Problemen beschäftigt und mehr den präzisen Untersuchungen zugetan. Ich vermute ferner, daß die Professoren der philologischen Fakultät, mit Verlaub gesagt, den Fehler begehen, angesichts einer Hörerschaft, die träg in ausgefahrenen Geleisen verharrt, auf ihren Vorsatz einer geistigen Anfeuerung zu verzichten.

Obwohl ich dessen eingedenk bin, daß die Politik gegenwärtig die erste Geige spielt, nehme ich doch die herzlich geringe oder gänzlich ausbleibende Reaktion der studentischen Jugend zur Kenntnis.

Ich verlange ja nichts Unmögliches. Ich denke hier weder an eine angestrengte Bemühung außerhalb des Lehrprogramms noch an die Nuancierung einer mehr innerlichen Politik, in der wir bewandert sind. Was ich von der lernenden Jugend erwarte, ist die ursprüngliche Begeisterung für das, was sich der Routine entzieht, und daran zu denken, daß, wie Jacques Rivière sagte, »die Zeiten, in denen man sich nicht um die andern schert, mit Zeiten abwechseln, in denen man sich um euch nicht schert«.

Herr Bergeret ist ein Weiser, wenn er die Hand des Herrn Roux nach dem Lesen seines symbolistischen Gedichts lange sinnend festhält. Er »fürchtete, wider die unbekannte Schönheit zu sündigen«.

Von der studierenden Jugend wünsche ich mir nicht das Leisetreten von Parlamentären. Ich sähe sie gerne waghalsig und begeistert für das, was sie vor den Kopf stößt. Ich kenne Professoren, die jugendlicher sind als sie.

Als ich einst im Collège de France sprach, machte ich zuerst meinen Anstandsbesuch beim Dekan. Ich stieg in sein Büro hinauf, mit zögerndem Schritt, da mich die Erinnerung an zahllose Strafpredigten überfiel. Ich fand einen charmanten und jugendlichen alten Herrn vor. »Setzen Sie keine zu großen Hoffnungen in unsere Schüler!« sagte er. »Unsere Schüler wollen nur Stichpunkte notieren und im übrigen in Ruhe gelassen werden.«

Also kam ich ihnen handgreiflich. Denn das ist eine ausgezeichnete Methode. Sie erinnern sich an nichts als an einen Stoß. Aber dieser Boxhieb bringt sie einen Augenblick lang aus dem Geleise.

Ich fasse zusammen. Ich gebe mich nicht der törichten Erwartung hin, daß eine ansehnliche Zahl von Studierenden wie durch ein Wunder wüßte, was sich nicht lehren läßt. Ich wünsche nur, sie würden sich ihre Antennen nicht so wie den ersten Bartflaum stutzen lassen und noch stolz darauf sein. Sie könnten viel dabei gewinnen, würden sie die hinreißenden, von der Schönheit ausgesandten Wellen auffangen. Und geschähe es auch in planloser Unbeschwertheit.

VON DER SCHÖNHEIT

Die Schönheit ist einer der Kunstgriffe, deren die Natur sich bedient, um die Wesen einander in die Arme zu treiben und sich so ihrer Beihilfe zu versichern.

Sie wendet diesen Schachzug in völlig regelloser Weise an. Der Mensch spricht in diesem Fall von Zuchtlosigkeit, die er allen Wesen zuerkennt, deren Lebenslauf sich blindlings vollzieht. Die Natur führt ihre Absicht durch, koste es, was es wolle.*

Bei den Himmelskörpern kann man sich die treibenden Kräfte eines solchen Verlaufs nicht recht vorstellen, denn das Leuchten, an dem wir sie erkennen, ist entweder Widerschein oder ergibt sich wie alles Licht aus einem Zerfallsprozeß. Wir Menschen meinen, sie würden uns als Lüster dienen, aber wir erblicken nur ihren Verschleiß und ihren Tod.

Der Rhythmus dieser großen Maschinerie ist ein erbarmungsloser Rhythmus, das steht ein für allemal fest.

Die Verliebten, selbst die zärtlichsten, wirken dabei mit. Ihr Kuß ist nur das abgeschwächte Saugen des Vampirs, als Ritus nur das Sinnbild für den Vorgang, sich das Blut des geliebten Menschen im Austausch anzueignen.

Das Begehren nach dem Blut des andern drückt sich noch ersichtlicher aus, wenn die Lippen sich wie ein

* Hündinnen bespringen Hunde. Kühe besteigen sich untereinander. Diese Regelwidrigkeit ist zuweilen Regelung. Die Eingeborenen der Inseln hatten sie, ehe die Missionare eintrafen, zur Regel erhoben. Es handelte sich für sie darum, eine Überbevölkerung zu vermeiden.

Schröpfkopf an die Haut pressen, das Blut ansaugen und einen »Knutschfleck« hinterlassen, so daß sich auf diese Art der Exhibitionismus zum Vampirismus gesellt. Dieser Flecken verkündet, daß der Mensch, der ihn für gewöhnlich am Hals zur Schau stellt, die Beute eines heißliebenden Wesens ist, das ihm den Lebenssaft aussaugen und mit dem seinen vermischen möchte.

Die Blumen hingegen sind der fromme Betrug geblieben, der sie von Anfang an waren. Ich beobachte sie in einem Versuchsgarten, wo man Kreuzungen vornimmt. Der Prachtaufwand, den wir ihnen unterschieben, existiert für sie gar nicht, da ihre Farben und Düfte lediglich dazu dienen, ihre Gegenwart den Liebesvermittlern kundzutun.

Wenn wir unsere Größe vergessen, können wir sie uns vor Augen führen, diese Liebesritter (die Insekten) in einem durchleuchteten Palast mit kühlen, weiten duftenden Gemächern.

Arum maculatum hält den Ritter kraft eines Gatters so lange zurück, bis er mit Sperma über und über besprenkelt ist und ihm nunmehr das Frauengemach offensteht. Es würde mir ein leichtes sein, mich über dieses Thema zu verbreiten. Aber, wie gesagt, dies Buch soll alles andre als ein Lehrbuch sein.

Was mich immer wieder nachdenklich stimmt, ist die Ähnlichkeit dieser erotischen Vorgänge. Die Welt ist einfacher, als unsre Ignoranz vermutet. Immer mehr will mir scheinen, daß ihr Getriebe auf reichlich plumpe Weise funktioniert, allenthalben und ein für allemal.

Die Kunst bedient sich der Schönheit als einer List, um sich zu verewigen. Die Schönheit reist umher, hält unterwegs unvermutet an, befruchtet die Geister. Der Künstler stellt ihr den Reisewagen zur Verfügung. Er kennt sie nicht. Durch ihn und außerhalb seiner Person erfüllt sie ihr leidenschaftliches Dasein. Will er sie mit Gewalt einfangen, bringt er nur Künstelei hervor.

Die Schönheit, die als unterwürfige Dienerin eines Verkupplungsgeschäftes nicht um ihrer selbst willen schön ist, profitiert zum Beispiel von einem Maler und läßt ihn nicht wieder los. Oft wirkt sich dies zum Unheil für die Nachkommenschaft jener schöpferischen Menschen aus, die auch auf dem fleischlichen Weg zeugen und zwei Eisen im Feuer haben wollen. Glaubt nur nicht, daß es der Schönheit an kritischem Geist gebräche, noch daß sie ihn unter Beweis zu stellen gedenke. Weder das eine noch das andre trifft zu. Sie stürmt geradewegs auf das Herausragende zu, welcher Art es auch sein mag.

Immer findet sie diejenigen heraus, die sich ihr vermählen und ihre Fortdauer sichern.

Ihr Blitzschlag, vom Ragenden angezogen, entzündet die Werke, die Skandal erregen. Sie meidet den läppischen Abklatsch der äußeren Welt.

Die Gewohnheit einer schalen Nachahmung der Natur ist im Menschen so verankert, daß er sie sogar bei den Malern bewundert, die ihr nur die Rolle eines ausgeborgten Sprungbretts zugestehen. Sobald aber eine mit gleicher Leserlichkeit gemalte Nachahmung dem Menschen Traumepisoden oder seelische Vorgänge bietet, gerät er in Harnisch. Die Vorgänge beziehen sich ja nicht auf seine, sondern auf eine andre Person. Sein Egoismus nimmt es übel. Er wirft sich zum Richter auf. Er bricht den Stab. Der Frevel besteht darin, ihn von seiner Nabelbeschauung abbringen zu wollen.

Genauso wie der Mensch nicht liest, sondern sich liest, so betrachtet er auch nicht, sondern beschaut sich selbst.

Kunst entsteht in dem Augenblick, in dem der Künstler von der äußeren Welt abweicht. Das, wodurch er sich von ihr entfernt, verleiht ihm die Daseinsberechtigung. Eigentlich sollte das eine Binsenwahrheit sein.

Die Lossagung kann sich auch gänzlich unauffällig vollziehen. (Ich denke dabei an Vermeer und an bestimmte sehr junge Maler der Gegenwart.) Das ist der Gipfel der Kunst. Die Schönheit schleicht sich hier in aller Heimlichkeit ein. Sie legt regelrechte Schlingen aus, die äußerlich so harmlos erscheinen wie die der Pflanzen. Sie lockt die Leute auf verstohlene Weise an, ohne die Furcht zu erwecken, die sonst ihr Gorgonenhaupt zu erwecken pflegt.

Diderot geht mir auf die Nerven, wenn er die anekdotischen Bilder von Greuze des langen und breiten beschreibt. Baudelaire würde mich durch die Beschreibung der Genrebilder von Delacroix aus der Fassung bringen, hätte ihn dieser Maler nicht angeregt. Dante dient als Vorwand für die von Delacroix gelegten Schlingen. Delacroix dient als Vorwand für Baudelaires Fallstricke. Der Vorgang wird in der Befruchtung Delacroix–Balzac mit bloßem Auge sichtbar *(La Fille aux yeux d'or)*.

Seit Jahrhunderten lockt die *Mona Lisa* den Bienenschwarm der Blicke in die Fallstricke, die Leonardo ausschließlich der Schönheit seines Modells zu spannen glaubte.

Im Bereich der Lichtspielkunst entgeht der Film dadurch, daß ihm die Farbe fehlt, der Verflachung, und so wird ihm ganz unvermutet das Privileg eines Kunstwerks zuteil. In ihn verirrt sich die Schönheit so wenig wie möglich. Die Farbe wird diese Zweideutigkeit aufheben. Außer dem Schönen wird dann alles häßlich sein.

Die Leute bemäkeln am Farbfilm, er sei nicht genügend naturgetreu. Aber wiederum nur dort, wo er mit der Natur bricht, wird die Farbe Meisterin sein, nur dort wird die Schönheit sich ihrer bedienen.

Der Zeugungsinstinkt treibt den Dichter an, sein Korn weit über seine Grenzen hinaus zu säen.

Schlecht übermittelt, wirkt es noch, wie schon gesagt. Bestimmte Sorten (Puschkin) versagen sich der Vermittlung. Das hindert sie nicht, in die Weite zu fliegen und, selbst arg verkümmert, dort aufzugehen.

Shakespeare bleibt das Beispiel einer explosiven Pflanze. Ihre Keime vertrauen sich Flügeln und Stürmen an. Mit ihnen eilt die Schönheit auf feurigen Zungen durch die Welt.

Die Furcht würde uns packen, könnten wir den Abstand ermessen, der uns von jenen trennt, die wir für die allernächsten halten. Das gute Einvernehmen kommt zustande durch Trägheit, Höflichkeit, Lügen, durch eine vielfältige Verhüllung der Schranken. Sogar ein stillschweigendes Übereinkommen enthält im einzelnen und in seiner Durchführung soviel Mißhelligkeit, daß man sich nicht mehr ein- noch auskennen und nie zusammenfinden würde. Wenn wir einem Charakter begegnen, dessen Triebkräfte wir den unseren ähnlich halten und der uns durch sein rasches Durchmessen unsrer Interessenbereiche verwundert, so erfahren wir danach, daß er zum Beispiel ausschließlich auf Musik eingestellt ist und daß sich somit die vermutete innere Verwandtschaft als ein Trugbild erweist. Das Gemütsleben hat ihn weit von der Verstandestätigkeit entfernt. Sie übt keine Kontrolle mehr über ihn aus. Ein anfänglich hingenommenes Nachgeben wurde gehätschelt, bestärkt, in jedem Augenblick herausgeformt, bis es schließlich Athletenmuskeln bekam und den Rest erstickte. Und so haben wir eine Seele vor uns, die fähig wäre, für alles aufgeschlossen zu sein, und der doch alles verschlossen bleibt. Wir werfen vergeblich in die Waagschale, was uns begeisterte. Der Starrkopf liebt nun einmal schlechte Musik und geht völlig darin auf. Für die wahren Reichtümer unempfänglich, hat er in diesem ausschlaggebenden Punkt keine freie Wahl mehr. Auf jedem x-beliebigen anderen Gebiet bewegt er sich mit flotter Gewandtheit. Aber von all seinen Gliedmaßen benutzt er einzig und allein ein verstümmeltes Glied, und die traurige Schaustellung dieser Verstümmelung erfüllt ihn obendrein mit Stolz.

Bedenklicher noch ist die scheinbare Einhelligkeit, die angeblich auf der ganzen Linie herrschen soll. Sie erlaubt uns immerhin zu leben, und die Kunst nutzt sie weidlich aus, um uns für sich zu gewinnen. Ein Werk ist so sehr Ausdruck der Einsamkeit, daß man sich fragt, welch seltsames Bedürfnis nach menschlicher Fühlung den Künstler dazu antreibt, seine Vereinsamung dem vollen Licht auszusetzen.

Das Kunstwerk, mit dessen Hilfe ein Mensch sich *tapfer darbietet* oder mit äußerster Unbedachtheit, einer anderen Form der Tapferkeit, herausstellt – das Kunstwerk schlägt in dem Mitmenschen Wurzel, dank beschönigender Vorspielungen, wie die Natur sie zur Sicherung ihrer Fortdauer gebraucht. Versieht das Kunstwerk ein unentbehrliches Priesteramt, oder hat sich der Mensch nicht vielmehr aus Anpassungstrieb im Laufe der Zeit dem Weltschöpfungsverfahren gebeugt? Soviel ist sicher, daß er dessen Sklave ist und daß er seine Schöpferkraft unbewußt mit einem schmückenden Aufputz versieht, der sein unmittelbares Wirken bezeugt, der zu beunruhigen, zu erschrecken, zu bezaubern vermag, der ihn überlebt, koste es, was es wolle, und dies alles mit Hilfe von sichtbaren Zeichen, die mit seiner Sendung in keinerlei Zusammenhang stehen und so raffiniert sind wie die der Blumen. Ein Kunstwerk schließt seine Selbstverteidigung ein. Sie besteht in zahlreichen unbewußten Zugeständnissen, die ihm ermöglichen, die

Gewohnheit für sich einzunehmen und aufgrund eines Mißverständnisses Fuß zu fassen. Kraft dieser Einnistung hält sie stand, und ihr geheimer Keim treibt Wurzeln.

Ein Künstler kann nicht auf Unterstützung durch seinesgleichen zählen. Jede Form, die nicht die seine ist, muß er als unerträglich und im höchsten Maße störend empfinden. Ich habe den kranken Claude Debussy bei den Orchesterproben zum *Sacre* gesehen. Sein Geist erschloß sich dieser Klangpracht. Die Gestalt, die er seinem Geist gegeben hatte, litt unter der andersgearteten Form, die sich der seinen nicht anschmiegte. Also kein »Schulter an Schulter«! Nicht mit unsresgleichen, noch mit den Vielen, denen es unmöglich ist, widerspruchslos einen völligen Bruch mit ihren sich einbürgernden Gewohnheiten ins Auge zu fassen. Woher soll da Hilfe kommen? Von niemand. In dieser Lage bleibt dann der Kunst nichts anderes übrig, als die dunkeln Machenschaften der Natur anzuwenden, und dies in einem Reich, das der Natur entgegengesetzt ist, ja, sie zu bekämpfen oder sich von ihr abzuwenden scheint.

Das typische Beispiel liefert einer meiner Freunde. Sein Beitrag ist unermeßlich. Jean Genet lautet sein Name. Keiner hatte sich besser als er gegen Kontakte vorgesehen, keiner hatte seine Zurückgezogenheit besser umhütet. Nun kam der Kontakt aber gerade durch das Zuchthaus, die Erotik, die völlig neue, sozusagen physiologische Seelenstruktur zuwege, kurz, durch einen ganz und gar *abstoßenden* Tatsachenbestand, der diejenigen verlockte und anzog, die all dem am meisten zu widerstreben schienen. Denn sein Genie sprudelt verschwenderisch von Kräften über, die lediglich pittoresk wären, würden sie nur einem Talent entstammen. Er gehorcht insgeheim dem Befehl, sein Korn in die Winde zu streuen. Der Streich ist gelungen. Ihrer uralten Taktik getreu, entscheidet sich die Schönheit für die Gestalt eines Ausgestoßenen. Daran denke ich angesichts einer Fotografie von Weidmann, die mir Genet gab. Sein verbundener Kopf ist so schön, daß man sich fragt, ob nicht auch das Verbrechen sich des universalen Kunstgriffs bedient und ob dies nicht eines seiner Mittel und Wege ist, um anzulocken, was es tötet, um seine Proselyten anzufeuern und sein düsteres Blendwerk auszuüben, kurz, um fortzudauern.

Ist ein menschliches Wesen imstande, das hier dargelegte Mysterium zu durchschauen und zu meistern? Nein. Sogar die Technik ist ein Köder. Wilde bemerkt ganz richtig, was man als Technik bezeichne, sei in Wahrheit Individualität. Die Fachleute meines Films *Die Schöne und das Tier* erkannten mir eine erstklassige Technik zu. Ich habe keine. Weil es sie gar nicht gibt. Als Technik bezeichnet man höchstwahrscheinlich die Gleichgewichtskünste, die der Geist in jedem Augenblick ganz instinktiv ausführt, um sich nicht den Hals zu brechen. Picasso faßt dies großartig zusammen, wenn er sagt: »Handwerk ist das, was sich nicht erlernen läßt.«

Ich komme noch einmal darauf zurück. Wir müssen in Tuchfühlung mit Wesen leben, von denen uns eine Kluft trennt, die unheimlicher ist als der Abstand der Atome und der Sterne. So verhält es sich im Theater mit den Zuschauern, vor denen wir uns unverfroren zur Schau stellen. So sieht die Leere aus, der wir unsre Verse, unsre Zeichnungen, unsre Kritiken überantworten. So ist der Garten beschaffen, den Insekten auf Nahrungssuche durchschwirren und den die Weltfabrik zu ganz anderen Zwecken auserkor.

Denn nimmt man selbst an, dieses oder jenes Insekt mache sich darüber Gedanken, so tut das der Regel nicht den geringsten Abbruch. Sie hat genügend Rückhalt, um Schlappen einzustecken. Sie geht aufs Ganze aus. Sie funktioniert in Bausch und Bogen. Sie gibt sich unerschöpflich mit vollen Händen aus. Sie fragt nicht nach Gesetz und Recht. Auf tausend verlorene Bälle mehr oder weniger kommt es ihr nicht an. Sie hat deren in Hülle und Fülle. Irgendeinen ihrer Golfbälle ins Loch zu treiben, darauf kommt es ihr an.

VON DEN SITTEN

Schreiben ist ein Liebesakt. Andernfalls ist es nur Schreibhandwerk. Es besteht darin, dem Mechanismus der Blumen und Bäume zu folgen und unseren Samen weit um uns auszustreuen. Der Luxus der Welt besteht im Verlust. Was hier befruchtet, fällt dort ins Leere. Das ist der Lauf des Geschlechtlichen. Die Lust wartet mit einem reichlich unbestimmbaren, wenn auch recht eindrucksvollen Brennpunkt auf. Sie bringt die Gattung dazu, sich fortzupflanzen. Das hindert nicht, daß sie blindlings funktioniert. Ein Hund buhlt mit meinem Bein. Eine Hündin versucht sich auf einem Hund. Bestimmte, einst hochschäftige und jetzt verzwergte Pflanzen fabrizieren für ihren Samen noch immer den Fallschirm, der nun, ehe er sich öffnen kann, den Boden erreicht. Die Frauen der Pazifischen Inseln kommen im Kuhmist nieder, um nur kräftige Kinder groß werden zu lassen. Um der Übervölkerung vorzubeugen, begünstigen diese Insulaner das, was man gemeinhin als Sittenverderbtheit zu tadeln pflegt.

Die Soldaten, Seeleute, Saisonarbeiter, die sich ihr ergeben, erblicken darin kein Vergehen. Kommen sie erst auf diesen Gedanken, befinden sie sich schon auf dem Abweg. Die Ausartung beginnt, wie ich schrieb, mit der Auswahl. In Villefranche beobachtete ich einst amerikanische Matrosen, die für die Lustbefriedigung keine bestimmte Form vorsahen und sich mit irgendwem und irgendwas abfanden. Der Gedanke an Lasterhaftigkeit kam ihnen nicht in den Sinn. Sie tobten sich blindlings aus. Instinktiv folgten sie den höchst konfusen Regeln des Pflanzen- und Tierreichs. Die fruchtbare Frau verliert nach und nach an Wohlgestalt, ein Beweis sowohl für ihren Adel wie dafür, daß es unsinnig ist, sich auf sterile Weise mit ihr statt mit einem Mann abzugeben, der für die blinde Fleischesgier nur ein Lustobjekt darstellt. Ich bin damit nur wenig vertraut, aber da ich mich gern mit jungen Menschen umgebe, von denen ich viel zu lernen habe und auf deren Antlitz sich eine schöne Seele spiegelt, so hat die Welt anders darüber entschieden. Außerdem bin ich der Meinung, daß solche Dinge von einem gewissen Alter an unwürdig sind, den Austausch verhindern und in jedem Fall lächerlich werden, mag es sich nun um das eine oder um das andere Geschlecht handeln.

Ich lebe, alles in allem, wie ein Mönch. Eine recht unverständliche Lebensführung inmitten einer Welt, in der man nichts anderes im Sinn hat, als sich aneinander zu wetzen, dieser Art des Vergnügens allenthalben und sei es nur beim Tanz nachzujagen, aber die anderen dessen zu bezichtigen und jede Freundschaft für anrüchig zu halten.

Lassen wir das! Wir sollen uns nicht zu Schau stellen. Je mehr man sich über uns täuscht, je mehr man uns mit Legendentratsch umhüllt, desto mehr sind wir dadurch vor Unbill geschützt und darüber belehrt, wie man in Frieden lebt. Uns genügt, daß die engere Umgebung unseren Wert erkennt. Wofür uns die anderen halten, das gilt uns nichts.

Eine Dame, die ich zum Essen eingeladen hatte, gab von mir eine derartige Beschreibung zum besten, daß ich vom Tisch aufstand, um mich bei ihr zu entschuldigen. »Gnädige Frau«, sagte ich, »Sie speisen mit einem, den ich nicht kenne und den ich nicht zu kennen wünsche.« Die Dame glaubte, mir eine Aufmerksamkeit zu erweisen. In meiner

Person fand sie zweifellos keinen Anhaltspunkt für ihre Darstellung. Sie kannte von mir ein anderes Bild, das man aus allem möglichen Tratsch zusammengefügt hat und für das sie sich entflammte.

Wo entspringt der Sinn für das Schöne, ich meine das Streben nach Schönheit? Wo beginnt es, wo ist seine Grenze? Welches Nervenzentrum meldet uns sein Bestehen? Vom zweckfreien Ausleben der Sexualität träumen alle Männer des geistigen Adels, ob sie dessen inne werden oder nicht. Michelangelo bekennt es offen. Leonardo flüstert davon. Mich beschäftigen weniger ihre Geständnisse als zahllose Anzeichen einer für Abirrung ausgegebenen Veranlagung, die nicht bis zu Taten geht. Wie aber sind Taten auszulegen? Dafür ist die Polizei zuständig. Uns interessieren sie nicht. Picasso ist eine Probe aufs Exempel. Dieser Mann, dem die Frauen zufliegen, ist Weiberfeind in seinen Werken. In seinem Schaffen rächt er sich für das Joch, das ihm die Frauen auferlegen, und für die Schaffenszeit, die sie ihm stehlen. Er wütet wider ihre Gesichter und ihren Putz. Dem Mann aber schmeichelt er, und da er sich über ihn nicht zu beklagen hat, lobpreist er ihn mit Feder und Stift.

VON DER LINIE

Ich hätte zu einer Menge von Themen, die sich mir aufdrängen, mein Wörtchen zu sagen. Aber ich halte mich grundsätzlich davon zurück. Ein bestimmter Interessenbereich dient mir als Gehege, und es hieße vom Hundertsten ins Tausendste kommen, würde ich es verlassen. Wo würde ich einhalten können? Ich würde den Malern gleichen, die ihr Bild auf dem Rahmen fortsetzen (und warum nicht gar auf der Wand, auf dem ganzen Haus?), oder den Zigeunergeigern, die vom Podium heruntersteigen, von Tisch zu Tisch spielen und ebensogut auf der Straße weiterfiedeln könnten.

Seit mehreren Jahren halte ich mich vom Roman fern, in einer Epoche der vielbändigen Romanwälzer und einer Leserschaft, die ganze Kapitel überspringt und sich nicht mehr ohne Müh' und Schweiß in die Abenteuer der anderen einzufühlen vermag.

In meinen Stücken und in fast allen meinen Büchern habe ich ständig versucht, ohne Familiennamen auszukommen. Mir sind sie so unangenehm wie eine zudringliche Aufforderung, fremden Leuten ins Haus zu fallen. Ich wartete darauf, von zwei Beschäftigungen in Beschlag genommen zu werden, von einem Film, der für mich ein Jungbrunnen sein sollte, und von einem Buch, wie ich's in meiner Tasche mit mir zu tragen gewünscht hätte, als ich noch sehr jung und sehr einsam war. Ich habe den Film gedreht. Er heißt *Die Schöne und das Tier*. Ich verfasse das Buch. Es ist eben dies Buch, an dem ich schreibe.

Nach dem zweiten Teil des *Faust* erklärte Goethe, er habe sein Lebenswerk abgeschlossen und sein weiteres Schaffen sei ein reines Geschenk des Schicksals. Mir will es scheinen, daß ich meine Schüssel gründlich ausgekratzt habe und daß nichts mehr auf dem Boden verbleibt. Täusche ich mich, dann um so besser! Trifft es zu, werde ich mich nicht grämen. Die Leute pflegen zu sagen, wir seien ausgepumpt, während sie von unserem Werk in Wahrheit nichts wissen. Sie kennen von ihm einige Brocken, die sie für das Ganze nehmen, und lauern auf die Fortsetzung, ohne den Anfang gelesen zu haben. Ich aber werde glücklich die Daumen drehen und zuschauen, wie meine Arbeit Wurzeln schlägt, ihre Zweige der Sonne zu entfaltet und ihren Schatten über mich breitet.

Man stelle sich nicht vor, das Anliegen, das mich lenkt und leitet, sei ästhetischer Natur. Es hat ausschließlich mit der Linie zu tun.

Was verstehe ich unter der Linie? Das Leben. Eine Linie muß in jedem Punkt ihres Verlaufs so lebendig sein, daß man den Künstler noch mehr herausspürt als das Modell. Die Allgemeinheit urteilt nach der Linie des Vorbilds, ohne zu begreifen, daß sie zugunsten der Linie des Malers zurücktreten kann, falls diese ein eigenes Leben lebt. Darum verstehe ich unter der Linie die sich unbeirrbar behauptende Persönlichkeit. Denn die Linie findet man bei Renoir, Seurat, Bonnard, bei allen, in deren Tupfen und Flecken sie sich aufzulösen scheint, ebenso wie bei Matisse oder bei Picasso.

Beim Schriftsteller hat die Linie den Vorrang vor Inhalt und Form. Sie zieht sich durch die Worte, die er zusammenfügt. Sie ist eine anhaltende Note, die weder dem Auge noch dem Ohr erkenntlich ist. Sie ist gewissermaßen der Wesens-Stil, und wenn diese Linie in sich zu leben aufhört und sich nur als Arabeske abzeichnet, ist das Wesen abwesend und das Schriftwerk tot. Darum wiederhole ich immer und immer wieder, der Fortschritt des Künstlers im Ethischen sei einzig und allein maßgebend, denn die Linie büßt ihre Spannkraft ein, sobald die seelische Glut erlahmt. Man werfe jedoch moralische Entfaltung und Tugendwandel nicht in einen Topf. Der moralische Fortschritt besteht lediglich in zunehmender Verhärtung.

Unsere Linie behüten und fördern hat augenblicks unsere Therapeutik zu sein, wenn wir sie geschwächt fühlen oder wenn sie sich spaltet wie ein krankes Haar. Man erkennt sie, auch wenn sie keinen Sinn ausdrückt. Und würden unsere Maler Kreuze auf ein Blatt zeichnen, könnte ich zuverlässig sagen, von wem ein jedes stammt. Und werfe ich nur einen Blick in ein noch unaufgeschnittenes Buch, so weiß ich bereits, wes Geistes Kind es ist.

Allzu viele heften ihren Blick nur auf das, wovon diese beredte Linie umhüllt ist. Man erblickt sie um so weniger, je sichtbarer sie ist, da man sich nun einmal daran gewöhnt hat, nur ihren umkleideten Zierat zu bewundern. Man bringt es fertig, Ronsard einem Villon, Schumann einem Schubert, Monet einem Cézanne vorzuziehen.

Was also können sie von Erik Satie erfahren, bei dem die Linie auf hinreißende Art bloßliegt? Oder von Strawinsky, der einzig und allein darauf ausgeht, sie lebendig zu häuten? Sie begeistern sich für die Draperien Beethovens und Wagners. Sie sind danach außerstande, hier die weiß Gott recht aufdringliche Linie zu erblicken, um die sich die Draperien schlingen.

Man wird mir entgegenhalten, daß ein Mensch nicht sein Skelett zur Schau stelle, ohne auf ruchlose Weise gegen die guten Sitten zu verstoßen. Aber die besagte Linie ist ja gar kein Skelett. Sie spricht aus Blick, Tonfall, Geste, Gehaben, aus dem gesamten Habitus einer leiblichen Person. Sie zeugt für eine die natürliche Beschaffenheit lenkende Kraft, über deren Sitz die Philosophen sich nicht zu einigen vermögen.

Wir haben sie schon herausgespürt, noch ehe eine Musik, ein Gemälde, eine Statue, ein Gedicht zu sprechen anheben. Sie ist's, die uns aufwühlt, wenn ein Künstler sich zum Bruch mit der sichtbaren Welt entschließt und seine Formen zwingt, ihm zu gehorchen.

Denn mag die Musik auch nicht zur Schilderung gezwungen erscheinen, so ist sie es doch insoweit, als sie dem ähnelt, was der Komponist zu sagen beabsichtigt. Keine Kunstgattung kann so viel dummes Zeug, so viel Plattheit von sich geben. Und weicht der Komponist von den Hörgewohnheiten ab, so verärgert er das Publikum nicht weniger als Maler und Dichter.

In der Musik erlaubt ein sonst seltenes Phänomen, die körperlose Linie anders als mit Hilfe eines zusätzlichen Sinns zu erfassen. Dies tritt ein, wenn sie in einer Melodie Gestalt gewinnt, wenn sich eine Melodie dem Verlauf der Linie so vermählt, daß sie sich mit ihr vereint.

Als ich mit Strawinsky am *Oedipus Rex* arbeitete, durchstreiften wir die Meer-Alpen der Riviera. Es war im März. Mandelbäume blühten auf den Hängen. Eines Abends, als wir in einer Landschenke haltmachten, zählten wir aus dem *Faust* die Melodien auf, mit denen Gounod sich selbst übertraf. Sie gemahnen an Traumvorgänge. Unser Tischnachbar erhob sich, stellte sich vor. Er war der Enkel des Komponisten. Er erzählte, Gounod habe diese *Faust*-Melodien geträumt und sie beim Erwachen aufgeschrieben.

Ist das nicht so etwas wie die Erweiterung der Fähigkeiten, die uns gestatten, im Traum zu fliegen?

Auf eben diese Fähigkeit anspielend, erklärte Misia Sert (von der man eigentlich fast alle Aussprüche zitieren müßte), daß man im *Faust* die Liebe empfinde und im *Tristan* die Liebe begehe.

Diese ideale Linie zeichnet uns das Leben berühmter Männer nach. Sie zieht sich durch ihre Taten und fädelt sie auf. Sie ist fraglos die einzige Eindeutigkeit, die den falschen Perspektiven der Geschichte standhält. Dem Geist springt sie in die Augen, noch ehe sich das Gedächtnis einmengt.

Ohne Shakespeare zu erwähnen, beutet Alexandre Dumas ihn ständig aus. Er umringelt ihn mit seinen Erfindungen und verblüfft uns so durch eine Lebenswahrheit, die geradliniger ist als die eines Stabs, der im Wasser der Zeit gebrochen erscheint.

Diese Linie ist es auch, die der Graphologe aus einer noch so künstlich maskierten Handschrift herauszulesen versteht. Je mehr sie sich maskiert, desto mehr entlarvt sie sich selbst. Denn die Schuldgefühle der Verkünstelung erhöhen die Zahl der Beweisstücke.

Mag eine gewisse liebenswürdige Buchhändlerin mir auch vorwerfen, ich begnüge mich damit, die Fahne aufzupflanzen, und überlasse den anderen das Risiko, so besteht meine Linie doch aus Zusammenstoß und Wagnis. Die Dame würde bei näherem Hinsehen bemerken, daß ihr militärischer Vergleich zum mindesten verdächtig ist. Geht man nicht zum Sturm vor, wie könnte man dann die Fahne aufpflanzen? Die Befürchtung, zum Angriff immer weniger tauglich zu werden, rät mir ja gerade an, meinen Laden zu schließen. Aber solange ich noch gut bei Fuß bin, wird es mir unmöglich sein, nicht die Vorposten aufzusuchen und mit ihnen über das, was sich dort tut, zu schwatzen.

Durch mein Werk zieht sich, im ganzen genommen, eine kämpferische Linie. Eigne ich mir, wie zuweilen geschah, die Waffen des Gegners an, so mache ich sie während des Gefechts zu den meinen. Man beurteilt sie aufgrund dessen, was sich mit ihnen erzielen läßt. Der Gegner hätte sich ihrer eben besser bedienen sollen.

Vom Himmel-und-Hölle-Spiel bis zum Plakat erkenne ich fast alle Motive, die Picasso in den verschiedenen Vierteln, die er bewohnte, übernommen hat. Für ihn spielen sie die gleiche Rolle wie das »Motiv« für den Landschaftsmaler, aber in seinem Atelier amalgamiert er sie und erhebt sie zur Würde dienstbarer Geister.

Während der kubistischen Hochblüte verbarrikadierten sich die Maler des Montparnasse aus Angst, Picasso könnte ihnen ein paar Körner stibitzen und sie in seinem Garten zum Blühen bringen. Als er mich 1916 mit ihnen zusammenbrachte, wurde ich vor manch einem Türspalt Ohrenzeuge endlosen Gewispers und Geflüsters. Wir mußten draußen warten, bis die neueren Bilder weggeschlossen waren. Im übrigen trauten sie sich auch untereinander nicht über den Weg.

Dieser Belagerungszustand schürte die Heimlichtuerei in den Künstlercafés Rotonde und Dôme. Ich erinnere mich einer Woche, als dort nur noch getuschelt wurde und jeder sich fragte, wer wohl das Geheimnis, Bäume schwarz mit grün zu pointillieren, bei Rivera gestohlen habe.

Die Kubisten legten sich keine Rechenschaft darüber ab, daß sie ihre Gelegenheitseinfälle, an denen sie sich berauschten, einem Picasso oder einem Braque zu verdanken hatten, die beide, fänden sich diese Einfälle in ihrem Werk wieder verarbeitet, ja nur ihr Eigentum zurückgeholt hätten. Überdies brauchten sie sich darüber keine grauen Haare wachsen zu lassen, denn unsere Linie schmiegt sich

einer fremden Form nicht an und weist alles von sich, was sie wie die Rundung eines Rades »verbiegen« könnte.

Spreche ich von meiner gelegentlichen Waffenaneignung, so spreche ich nicht von meinem Schreibwerk, sondern von Plänkeleien, in deren Verlauf eine blitzschnelle Volte mir erlaubt, gegen meinen Widersacher die Waffen zu wenden, mit denen er mir zu Leibe rückte.

Und so rate ich den Jungen: Guckt doch den hübschen Frauen die Methode ab und *pflegt eure Linie*, zieht das Schlanke dem Feisten vor! Und beobachtet euch nicht in einem Spiegel, sondern beobachtet kurzweg euch selbst!

VON EINEM TANZDRAMA

Unser Triebwerk verfällt tagtäglich ein wenig mehr, und allmorgendlich wacht der Mensch mit einem weiteren Hemmnis auf. Ich kann es bestätigen. Meine Nächte durchschlief ich in einem Zug. Heute liege ich lange wach. Ich bekomme es satt. Ich stehe auf. Ich mache mich an die Arbeit. Das ist das einzige Mittel, meine Verunstaltung zu vergessen und am Arbeitstisch unentstellt zu sein. Der Anblick, den mein Schriftwerk bietet, zeigt im ganzen genommen mein wahres Gesicht. Das andere ist ein verblassender Schatten. Und um das Dahinschwindende zu ersetzen, ergänze ich schnell noch mein aus Tintenzügen geformtes Gesicht.

Eben dieses Gesicht wollte ich bestätigen und verschönern durch die Ballettaufführung, die gestern, am Abend des 25. Juni 1946, im Champs-Elysées-Theater gegeben wurde. Ich fühlte mich verschönt durch die Tänzer, die Ausstattung, die Musik, aber dieser Erfolg wirft allerlei Streitfragen auf, die über das Hochgefühl des Autors hereinbrechen, und so nehme ich mir vor, sie hier zu untersuchen.

Seit geraumer Zeit versuchte ich, das Geheimnis der zufälligen Gleichzeitigkeit mir anders als mit Hilfe des Films dienstbar zu machen. Denn eine Musik findet ihren Widerhall nicht nur in jedem Einzelwesen, sondern auch in einem darstellenden Werk, dem man sie zur Seite stellt, falls dieses Werk die gleiche Tonart aufweist. Daraus ergibt sich ein anheimelnder Zusammenklang, der sich nicht nur den großen Linien der Handlung anschmiegt, sondern überdies – und hierin liegt das Geheimnis – ihre Einzelheiten unterstreicht, zur größten Überraschung aller, die eine solche Zusammenstellung als Kunstlästerung erachten.

Diese Eigentümlichkeit kenne ich von Filmen her, bei denen irgendeine leidliche hochgestimmte Musik mit den Gesten und Leidenschaften der Handelnden ein Ganzes bildet. Blieb nachzuweisen, daß ein Tanz, ist er nach einer dem Ballettmeister genehmen Musik einmal einstudiert, auf diese durchaus verzichten kann, um in einem ganz anders gearteten musikalischen Klima zu gedeihen.

Nichts widerspricht dem Spielwerk der Kunst so sehr wie der Pleonasmus von Gesten, die Notentöne darstellen sollen.

Der Kontrapunkt, diese kunstvolle, den Austausch erzeugende Gleichgewichtsauflösung, kann nicht zustande kommen, wenn das vollkommen gesicherte Gleichgewicht zur Beharrung führt.

Das Gleichgewicht erhält seinen Charme von einer aufs feinste abgestimmten Anordnung von Unausgeglichenheiten. Ein ebenmäßiges Antlitz liefert dafür den Beweis, sobald man es halbiert und aus den zwei linken Hälften wieder zusammensetzt. Es wird grotesk. Die Architekten von einst wußten darum, und in Griechenland, in Versailles, Venedig, Amsterdam stellt man fest, daß die Schönheit ihrer Bauwerke auf asymmetrischen Linien beruht. Das Bleilot vernichtet diese fast menschliche Schönheit.

Jeder kennt die Plattheit, die tödliche Langeweile unserer Wohnblöcke, in denen der Mensch sich selbst verleugnet.

Als ich vor etwa einem Monat mit Christian Bérard und Boris Kochno, dem Sachwalter der Methoden von Serge Diaghilew, zu Mittag aß, entwickelte ich die Möglichkeit einer Tanzszene, die man nach Jazzrhythmen einübt, wobei diese Musik als Notbehelf erachtet und danach durch ein Meisterwerk von Mozart, Schubert oder Bach ersetzt werden soll.*

Bereits am folgenden Tag gingen wir daran, den Plan spruchreif zu machen. Die Szene dachten wir uns als Vorwand für einen Gestendialog zwischen Fräulein Philippart und Herrn Babilée, der Waslaw Nijinsky in vielem ähnelt. Ich nahm mir vor, mich nur insoweit zu beteiligen, als ich dem Bühnenbildner, dem Kostümschneider, dem Ballettmeister und den Tänzern aufs genaueste darlegte, was ich von ihnen erwartete. Ich entschied mich für den Bühnenbildner Wakhévitch, weil er für den Film arbeitet und weil mir jene Raumtiefe vorschwebte, der die Lichtspielkunst das Traumhafte abgewinnt, für die Kostümschneiderin Frau Karinska unter Bérards Beihilfe, denn beide sind mit der Optik der Bretter vertraut wie sonst niemand, und für Ballettmeister Roland Petit, weil er auf mich hören und meine Gedanken in jene Tanzsprache übertragen würde, die ich zwar ausreichend beherrsche, deren syntaktische Übung mir jedoch fehlt.

Die Bühne stellt ein recht ärmliches Maleratelier dar. Es hat die Form eines Dreiecks. Eine der Seiten wird durch die Rampe gebildet. Die spitz zulaufenden Schenkel formen

* Die musikalische und die tänzerische Linie, die sich widersprechen, näherten sich einander auf die Dauer, um allmählich zu verschmelzen. Die Tänzer, die sich über die Disparatheit beklagten, sich aber daran gewöhnt hatten, beklagten sich schließlich über allzuviel Übereinstimmung. Sie ersuchten mich, die unterlegte Musik zu ändern. Für New York beschloß ich, die *Passacaglia* von Bach und die Ouvertüre zur *Zauberflöte* von Mozart abwechselnd spielen zu lassen. So werde ich den Nachweis erbringen, daß im Theater das Auge dem Ohr weit überlegen ist und daß sich die unterschiedlichsten Musikwerke ein und derselben Handlung anzupassen vermögen. Getan ist getan, und vermutlich wird man daran nichts mehr ändern. Der Koffer ist auf Reisen gegangen. Die Gegenstände haben ihre spitzen Kanten verloren, der Schlaf hat ihre starren Posen aufgelöst. Sie fügen sich ineinander, widerstandslos.

das Bühnenbild. Ein wenig rechts von der Mitte ragt ein Pfosten vom Bühnenboden auf, eine Art Galgen, auf dem ein Querbalken ruht, der den Plafond nach der linken und rechten Bühnenseite hin abteilt. Ein Strick mit einer Schlinge baumelt vom Galgen, und zwischen dem Pfosten und der linken Wand hängt am Querbalken das Gestell einer mit altem Zeitungspapier abgeblendeten Lampe. An der rechten Wand, deren schmutziger Bewurf mit hingekritzelten Daten von Verabredungen besternt ist, einige Zeichnungen von mir, eine eiserne Bettstatt mit roter Decke und mit Laken, die auf dem Boden schleifen. An der linken Wand ein Waschgestell gleichen Stils. Im Vordergrund links eine Tür. Zwischen Tür und Rampe ein Tisch und strohgeflochtene Stühle. Weitere Stühle stehen unordentlich herum. Einer befindet sich unter der Schlinge, unweit der Tür. Durchs Atelierfenster der stark abgeschrägten Decke erblickt man den nächtlichen Himmel von Paris. Im harten Licht und mit den scharfen Schlagschatten ist das Ganze in seinem Glanz, seinem Elend, seinem Adel, seiner Verworfenheit durchdrungen von Baudelaires Welt.

Ehe sich der Vorhang hebt, beginnt das Orchester die *Passacaglia* von J. S. Bach, in der Bearbeitung von Respighi. Der Vorhang geht auf. Der junge Maler liegt rücklings auf seinem Bett, einen hochgekrümmten Fuß an die Wand gestemmt. Sein Kopf und einer seiner Arme hängen über die rote Decke herab. Er trägt weder Hemd noch Strümpfe, nur eine Armbanduhr, Hausschuhe und einen marineblauen Monteuranzug, den Farbflecken aller Tönungen in eine Harlekinstracht verwandelt haben.

Die erste Phase (zur feierlichen Fugenmusik spielen Reglosigkeit und Unrast dieselbe aktive Rolle) zeigt uns die Unruhe, die Erregung, die Niedergeschlagenheit des jungen Malers, er blickt auf die Uhr, durchmißt ziellos den

Raum, hält zuweilen unter der Schlinge an, die er an den Balken geknüpft hat, lauscht ungläubig dem Ticken der Uhr und der Stille auf der Treppe. Eine Pantomime, deren Zuspitzung den Tanz auslöst (ein Anreiz ist zum Beispiel die großartige, im Kreis schwingende, gewichtlose Geste eines Mannes, der auf die Armbanduhr blickt).

Die Tür geht auf. Herein tritt ein junges Mädchen, brünett, elegant, sportlich, ohne Hut, in kniefreiem Straßenkleid von fahlem Gelb (Gradivagelb) und schwarzen Handschuhen. Kaum hat sie die Tür hinter sich ins Schloß gedrückt, gibt sie auch schon ihre schlechte Laune mit wütend trippelnden Fußspitzen kund. Der junge Mann stürzt auf sie zu, sie stößt ihn zurück und durchquert mit weiten Schritten das Zimmer. Er folgt ihr. Sie wirft die Stühle um. Die zweite Phase ist der Tanz des Malers und des jungen Mädchens, das ihn beschimpft, nach ihm schlägt, die Achseln zuckt, Fußtritte austeilt. Die Szene steigert sich zum Tanz, das heißt bis zum Wirbel von Leibern, die sich aneinanderklammern und wieder lösen, einer Zigarette, die man ausspuckt und zertritt, eines Mädchens, das dreimal hintereinander mit dem Absatz nach einem armen knienden Burschen stößt, der zusammensinkt, sich um sich selber dreht, sich bäumt und wieder erhebt mit der äußersten Langsamkeit einer schweren Rauchwolke – kurz: ein aufgelöstes Unwetter des Zorns.

All das treibt unseren Helden bis in den linken Zimmerwinkel, wo der unglückliche Junge mit gerecktem Arm auf den Strick deutet. Und schon umgirrt ihn die junge Dame, geleitet ihn zu dem Sitz, läßt ihn rittlings niedersitzen, klettert auf den Stuhl unter dem Balken, zieht den Knoten der Schlinge fest, kehrt zu dem Maler zurück und dreht ihm den Kopf nach seinem Galgen hin.

Die Empörung des jungen Malers, sein Wutanfall, sein

jagender Lauf hinter dem jungen Mädchen, das vor ihm flüchtet und das er bei den Haaren packt, das Entrinnen des Mädchens und die zuknallende Tür schließen die zweite Phase ab.

Die dritte Phase zeigt den jungen Mann an die Tür gepreßt. Sein Tanz entwickelt sich aus seinem Paroxysmus. Mit gereckten Armen wirbelt er die Stühle, einen um den andern, durch die Luft und zerschlägt sie an den Wänden. Er versucht, den Tisch nach dem Galgen zu zerren, stolpert, stürzt, richtet sich auf, stößt den Tisch mit dem Rücken um. Der Schmerz drückt ihm die Hände aufs Herz. Der Schmerz entpreßt ihm Schreie, die wir sehen, ohne sie zu vernehmen. Der Schmerz treibt ihn geradewegs seinem Halsgericht zu. Er betrachtet die Schlinge. Er reckt sich auf. Er legt sie sich um den Hals.

An dieser Stelle kommt Babilée auf einen großartigen Einfall. Wie erhängt er sich? Das frage ich mich selbst. *Er erhängt sich.* Er hängt. Seine Beine hängen. Seine Arme hängen. Seine Haare hängen. Seine Schultern hängen. Dieser Vorgang voll düsterer Poesie war, von Bachs herrlicher Bläsermusik begleitet, so hinreißend, daß die Zuschauer in Beifall ausbrachen.

Die vierte Phase beginnt. Das Licht wechselt. Das Zimmer fliegt davon, nur das Dreieck des Bodens verbleibt und die Möbel, das Gestell des Galgens, der Erhängte und die Lampe.

Was zurückbleibt, schwebt im nächtlichen Himmel, inmitten einer Wirrnis von Schornsteinen, Dachfenstern, Lichtreklamen, Regenrinnen und Dächern. Am fernen Eiffelturm blinkt von den Leuchtbuchstaben CITROEN einer um den anderen auf.

Über die Dächer schreitet der Tod daher. Er ist eine junge

Frau im weißen Ballettkleid, auf hohen Sohlen stelzend. Eine rote Kapuze umhüllt ihr beinernes Köpfchen. Sie trägt lange rote Handschuhe, Armreifen und ein Diamantenhalsband. Ihre Tüllschleppe schleift hinter ihr her auf die Bühne.

Mit einer Gebärde der erhobenen Rechten deutet sie die Leere an. Sie schreitet auf die Rampe zu. Dann wendet sie sich zur Seite, überquert die Bühne, hält im rechten Winkel an und schnalzt mit den Fingern. Langsam löst der junge Mann den Kopf aus der Schlinge, gleitet am Pfosten entlang zu Boden. Frau Tod lüftet Totenschädelmaske und Kapuze. Sie ist das junge Mädchen in Gelb. Sie setzt dem reglosen jungen Mann die Maske auf. Er umkreist sie, geht ein paar Schritte, hält an. Da streckt sie die Hand aus. Es ist, als stoße sie mit dieser Geste den jungen Mann unter der Totenkopfmaske vor sich her. Und der »Zug« der beiden Tänzer entfernt sich über die Dächer.

Gestern, am Vorabend der Aufführung, war die Tanzgruppe aus der Schweiz zurückgekommen. Vom Morgen bis zum Abend mußten wir die verstreuten Ausstattungsteile unsrer Tanzszene zusammensuchen, die Tänze und das Orchester von vierundsechzig Musikern zusammenstimmen, die Kostüme bei Frau Karinska fertigstellen, Fräulein Philippart zum Tragen von Holzsandalen bewegen und rasch noch Riemen daran nageln, Babilées Monteuranzug mit Farbflecken versehen, die Zimmerdekoration und die Dachversatzstücke aufbauen, die Leitungen für die Lichtreklamen legen, die Beleuchtung einrichten. Kurz, während die Bühnenarbeiter um sieben Uhr abends das »Plateau« freimachten, befanden wir uns am Rand einer Katastrophe. Die Choreographie war bis zum Erhängen des jungen Mannes gediehen. Roland Petit wollte die Schlußszene nicht ohne mein Beisein festlegen. Die Tänzer waren halbtot vor Erschöpfung. Ich schlug ihnen vor, sich in den Zuschauerraum zu setzen und sich von mir den Rest vormimen zu lassen. Und so geschah's.

Ich fuhr ins Palais Royal zurück. Ich aß zu Abend. Um zehn Uhr war ich im Theater, wo eine Menge Leute keine Plätze mehr fand und die umlagerte Platzkontrolle sogar Personen abwies, die im Besitz von Eintrittskarten waren. Henri Sauguet war soeben wutentbrannt weggegangen. Unter Mitnahme seiner Orchesterpartitur. Er hatte rundweg abgelehnt, die *Forains* spielen zu lassen. Das Haus war überfüllt und in Hochspannung. *Der junge Mann und der Tod* war an dritter Stelle angesetzt. Für eine Ballettaufführung bot die Dachdekoration ungewohnte Schwierigkeiten. Die Bühnenarbeiter verloren den Kopf. Das Publikum wurde ungeduldig, scharrte mit den Füßen, johlte.

Während die Bühnenarbeiter noch beim Aufbau waren, ließ Boris den Zuschauerraum verdunkeln. Das Orchester setzte ein. Von Bachs ersten Akkorden an hatten wir das Gefühl, daß eine außerordentliche Entspannung durch das ganze Haus ging. Inmitten des Hin und Her, der zugerufenen Anordnungen, der aufgeregten Garderobieren (die Tänzerin mußte in einer Minute das Kostüm wechseln) war die Stimmung hinter den Kulissen weniger verstört, als man hätte befürchten können. Plötzlich tauchte Boris' völlig zernichtetes Gesicht neben mir auf. »Die Musik ist nicht lang genug«, flüsterte er mir zu. Das hatte unserm Wagnis von vornherein gedroht. Wir schrien den Tänzern zu, den Ablauf zu beschleunigen. Sie hörten uns nicht mehr.

Das Wunder war, daß Boris sich täuschte, daß die Musik ausreichte und daß unsere Tänzer genau bei den letzten Akkorden die Bühne verließen.

Ich hatte ihnen anempfohlen, sich beim Applaus nicht zu verneigen, sondern ihren Schlafwandlergang fortzusetzen.

Erst beim dritten Vorhang stiegen sie von den Podesten herab. Und beim vierten kam es uns erst zum Bewußtsein, daß die Zuschauer aus einer Hypnose erwachten. Auf der Bühne, auf die mich meine Tänzer gezerrt hatten, kam ich zu mir, angesichts eines plötzlich aufgeschreckten Zuschauerraums, der uns mit seinem Tumult aufweckte.

Ich betone ausdrücklich, daß es sich bei meiner Beschreibung des Erfolgs nicht um die Genugtuung dreht, die ich darüber empfinde, sondern um das »Gesicht«, das jeder Dichter, mag er jung oder alt, schön oder häßlich sein, dem eigenen Gesicht überzuordnen trachtet und dem er aufträgt, ihn zu verschönen.

Es sei hinzugefügt, daß eine Minute der Fühlungnahme, die zwischen einer Zuschauermenge und einem Werk zustande kommt, einen Augenblick lang die Kluft auffüllt, die uns von den anderen trennt. Dieses Ereignis, das die widersprechendsten Strompotentiale in irgendeiner äußersten Spitze zusammenzieht, ermöglicht uns das Leben in einer Welt, in der es einzig und allein dem Höflichkeitszeremoniell gelingt, uns über die unerträgliche Einsamkeit der Menschenwesen hinwegzutäuschen.

Ein Ballett zeichnet sich unter anderem dadurch aus, daß es alle Sprachen spricht und daß es zwischen uns und jenen, die eine andere Sprache reden als wir, die Schranken niederlegt.

Heute abend bringt man mich vom Land bis hinter die Kulissen, damit ich von dort aus die zweite Vorstellung überwache. Ich nehme mir vor, nach der Rückkehr zu berichten, ob der Kontakt aufgehört hat oder weiter anhält.

Ich komme vom Champs-Elysées-Theater nach Hause. Unserem Ballett ist die gleiche Aufnahme zuteil geworden. Unsere Tänzer hatten vielleicht weniger Schwung, führten ihre Tänze jedoch mit größerer Präzision durch. Im übrigen dringt die Schönheit der Aufführung über die Rampe, was auch immer geschehen mag, und die Grundstimmung trägt mein Gesicht, das Gesicht meiner Fabel, meiner Mythen, sie ist eine ungewollte Paraphrase des *Bluts eines Dichters*.

Nur ist diese Grundstimmung von einer unsichtbaren zu einer sichtbaren geworden. Das gleiche tritt in meinem Film *Die Schöne und das Tier* ein. Zweifelsohne bin ich bei der Handhabung meiner Waffen weniger ungeschickt, beim Abfeuern meiner Kugeln weniger hastig. Jedenfalls ernte ich dabei ein, was mir einst mit Hilfe von Werken, die der Aufregung würdiger waren, nicht zu ernten gelang. Vermutlich wirken solche Werke in aller Stille fort und reifen das Publikum, ohne daß es sich dessen bewußt wird, zum Erfassen künftiger Werke heran.

So glaubten zahlreiche Leute, ich hätte 1946 in den *Parents terribles* Änderungen vorgenommen; das Stück war indes wortgetreu das gleiche wie im Jahr 1939 und nur diese Leute hatten sich geändert, schrieben aber ihre eigene Wandlung einer Textbearbeitung zu.

Heute abend war das Orchester ein Stück voraus. Die Musik fiel folglich mit einem anderen Gestenspiel zusammen. Die Übereinstimmung hielt einwandfrei an. Das Zimmer ging verspätet in die Soffitten, als Babilée in seiner Schlinge hing. Daraus erwuchs eine ganz neue Schönheit. Der Auftritt des Todes wirkte dadurch nur noch hinreißender.

Ist *Der junge Mann und der Tod* ein Ballett? Nein. Es handelt sich um ein Mimodrama, bei dem die Pantomime sich so übersteigert, daß sie Tanz wird. Es ist ein stummes Spiel, in dem ich mich bemühe, die Ausdruckskraft von Worten und Schreien auf die Gestik zu übertragen. Das Wort ist in die Körpersprache übersetzt. Monologe und Dialoge verwenden hier den gleichen Wortschatz wie die Malerei, die Skulptur und die Musik.

Wann werde ich – in bezug auf dieses oder ein anderes Werk – endlich nicht mehr Lobeshymnen auf meine Klarsicht zu lesen bekommen? Was stellen sich unsere Kritiker eigentlich vor? Ich habe einen wirren Kopf und einen wachen Instinkt. So sieht meine Werkstatt aus. Darin wird des Nachts im Dunkeln gearbeitet. Ich helfe mir aufs Geratewohl durch, so gut mir's eben gelingt. Daß sie Arbeitswut, Arbeitsbesessenheit, das heißt *ein Erzeugen, das sich nicht einen Augenblick lang um das Erzeugte kümmert*, für Klarsicht halten, für die Fabrikationskontrolle durch ein allgegenwärtiges Auge, das beweist einen grundlegenden Irrtum, einen höchst verhängnisvollen Zwiespalt zwischen Kritiker und Dichter.

Wäre dem so, würde das Auge des Meisters nur das Frostdürre durchgehen lassen. Woher sollte dann die Verwicklung kommen? Woher der Traum? Woher jenes Geheimnisvolle, das sie für Magie halten?

Das alles hat weder mit Magie noch mit dem Auge des Meisters zu tun. Wohl aber mit viel Liebe und mit viel Arbeit. Über diesen Punkt stolpern sie, weil sie nun einmal auf Voltaires Metronom einerseits, auf Rousseaus Wünschelrute andrerseits eingeschworen sind. Das unfaßliche Gleichgewicht zwischen diesen beiden Extremen ist vielleicht die Errungenschaft des modernen Geistes, und so erweist es sich als unerläßlich, daß der Kritiker die Zwischenzone durchforscht, ihre Fundstätte besichtigt, ihre Unerschlossenheit gelten läßt.

VON DER VERANTWORTUNG

Und da ist nun wieder diese seltsame Empfindung der Ausweglosigkeit, die mich von den vier Windrichtungen meines Daseins aus zu überschleichen beginnt und sich in der Mitte verknotet. Rührt sie von der jähen Sommerhitze her, von der Gewitterschwüle, von der Einsamkeit, von der Umständlichkeit, die Aufführung meines Stücks zeitlich festzusetzen, von der vergeblichen Wohnungssuche oder ganz einfach davon, daß dies Buch mir nicht darüber hinweghilft? Dieser unbestimmte Angstzustand ist mir nicht neu, dafür hat er mich zu oft heimgesucht. Nichts ist schwieriger, als an ihm eine Umrißlinie festzustellen, die seine Abgrenzung zuließe. Sobald dieses Mißbehagen in uns auftaucht, beherrscht es uns auch schon. Es hindert uns am Lesen, am Schreiben, am Schlafen, am Spazierengehen, am Leben. Es bedrängt uns mit unerfindlichen Drohungen. Alles, was sich uns auftat, verschließt sich wieder. Alles, was uns half, läßt uns im Stich. Alles, was uns zulächelte, hat für uns nur noch einen eisigen Blick übrig. Wir würden nicht wagen, irgend etwas zu unternehmen. Die Vorschläge, die man uns macht, erscheinen hinfällig, verworren, ineinander verfilzt. Immer wieder falle ich auf solche Anerbieten herein, mit denen uns das Schicksal anlockt, um uns danach nur noch entschiedener den Rücken zu kehren. Und jedesmal sage ich mir, daß ich doch nun in die stille Zone eingefahren sei und daß ich teuer genug bezahlt hätte für das Recht, auf sanfteren Hängen hinabzuschreiten und nicht mehr senkrecht in die Nacht abzustürzen.

Kaum wiege ich mich in solchen Illusionen, da ruft mich mein leibliches Dasein zur Ordnung. Es schaltet eine der roten Lampen ein, die »Achtung!« bedeuten. Die Schmerzen, die ich schon auf der Flucht wähnte, kehren wütend zurück wie ein Komödiant, der zur unrechten Zeit abging und es uns nun gründlich spüren läßt, daß er sich der Lächerlichkeit preisgegeben glaubte. Augenlider, Schläfen, Hals, Brust, Schultern, Arme, Finger, alles juckt mich zum Verzweifeln. Die Komödie von Morzine fängt von vorne an. Mir geht es besser, und davon ist auch das Leiden zu Kräften gekommen. Es scheint sogar, daß es sich nun an die Schleimhäute machen will, ans Zahnfleisch, an den Hals, an den Gaumen. Von der Maschinerie greift es auf die Substanz der Maschine über und verdirbt sie. Elendsgrind, Unglücksfäule, Verzweiflungsfieber erfüllen uns mit den höchst widerwärtigen ersten Symptomen. Sie steigern sich rasch zu einer Art von Brechreiz, den wir äußeren Einwirkungen zuschreiben. Die besondere Färbung der Außenwelt rührt wahrscheinlich von diesem Zustand her, der uns glauben läßt, die Umgebung sei's, der wir unsre Schattierung verdanken. Dieser Mischmasch führt nur zu einer noch größeren Trübung der äußeren und inneren Welt. Das Leben erscheint uns als verfehlt, als zu uferlos, zu eng, zu lang, zu kurz. Einst half ich mir über die Häufigkeit solcher Krisen mit dem euphorischen Palliativ des Opiums hinweg. Vor zehn Jahren habe ich's aufgegeben, aus Gründen der Ehrlichkeit, die vielleicht nur auf Dummheit hinausläuft. Ich wollte auf nichts anderes als auf mich selber angewiesen sein, so wenig sinnvoll das auch sein mag, denn schließlich besteht unser Ich aus dem, was wir ihm zuführen. Kurz, mir bleibt heute nichts anderes übrig, als die Krisen durchzustehen und den Ausgang abzuwarten.

Die Krise, die sich gestern in mir einquartierte, hatte sich vor vierzehn Tagen durch ein Wiederaufleben meiner Beschwerden angemeldet. Ich will gerne glauben, daß die drückende, gewittrige Schwüle ihre Hand im Spiele hat. Seit fünf Minuten geht Wind, und es regnet. Ich denke an Michelet, der sich in einem Kapitel seiner *Histoire* dazu beglückwünscht, daß ihn das Regengeprassel gegen sein Fenster nicht im geringsten störe. Er sähe darin vielmehr eine tröstliche Sache, eine Äußerung des natürlichen Ablaufs. Denn diese Regenschauer versprächen ihm schönes Wetter. Was versteht er unter schönem Wetter? Das frage ich mich. Ich wäre gern mein eigener Seelenstimmer, würde gern nach Belieben die Nervensaiten wieder spannen, die mir Hitze oder Frost verstimmen. Was sage ich? Die bei der geringsten Feuchtigkeitszunahme, der unscheinbarsten Temperaturschwankung des Geistes lasch werden.

Soll man die großen Werwölfe von der Art Goethes oder Hugos beneiden, weil ihr Egoismus als Heroismus gilt und sie es dahingebracht haben, sich für monströse Aussprüche bewundern zu lassen, wie etwa für diesen: »Und so, über Gräber, vorwärts!« Mit diesem Wort rettete sich Goethe über den Verlust des Sohns hinweg. Wozu aber sie beneiden oder nicht beneiden? Die Würfel sind gefallen. Und ich beglückwünsche weder mich noch sie dazu, aus dem einen oder anderen Stoff gemacht zu sein.

Hingegen stelle ich fest, daß mich die Art meiner Beschaffenheit zum Nomadendasein bestimmt hat. Die Stätte, die ich mir ersehnte und zu der ich flüchte, wird in meinen Augen rasch zu einer Fallgrube. Ich rücke alsbald wieder aus, und so geht es immer weiter. Ich brauche nur einen Zufluchtsort zu entdecken, und schon wird mir dort alles zum Hemmschuh, hindert mich alles, den Pakt zu schließen.

Nichts ist beständig als dieser Rhythmus, den wir in unserem Sold glauben, während er uns am Gängelband hält. Mit ihm betrügt uns die Tatenlust. In ihn verkleidet sich das Versagen. Er stellt sich nicht zweimal auf die gleiche Weise ein. Mögen wir ihm auch noch so sehr auflauern, wir erkennen ihn doch nicht wieder.

Hat das Buch, das ich schreibe, seinen Kreis geründet? Zum erstenmal befrage ich mich, ich, der stets – und gerade in diesen Kapiteln – darauf pocht, daß er darüber nicht nachdenken und nur durch einen plötzlichen Anprall belehrt sein will. Werde ich weiterfort mit euch plaudern können und dies Tagebuch, das keines ist, auf Tagebuchart weiterführen nach dem Maß dessen, was mir zufällt? Das hieße seinen Ablauf verfälschen. Das hieße nicht das Buch schreiben, das in mir heranreift, sondern ein anderes, das ich erzwinge. Ich muß mich zur gleichen Mogelei entschließen wie auf den Bahnsteigen, wo man den Zug entlanghastet, aufs Trittbrett springt und so lange wie möglich zu verhindern sucht, daß der Faden zerreißt, der sich zwischen unserem Herzen und dem der Abreisenden spannt. Hin und her gerissen bin ich zwischen der mir lieb gewordenen Gewohnheit und der Fatalität, die mich zum Abbruch nötigt. Nach und nach habe ich euch geradezu leibhaft vor mir gesehen, eine Jugend, der meine Jugend einst glich, an einer Straßenecke wartend, in einem Park sitzend, bäuchlings auf einem Bett, die Ellbogen auf einen Tisch gestützt, im einmütigen Gespräch. Und so verlasse ich euch denn. Ohne mich von euch zu trennen, das versteht sich von selbst, denn ich bin meiner Tinte so innig verbunden, daß mein Pulsschlag in ihr lebt. Spürt ihr ihn nicht unterm Daumen, der diese Seite hält? Wie könnte es anders sein, da dieser Pulsschlag doch bis in die Federspitze hämmert und den unnachahmlichen, unbezähmbaren, nachtentsprungenen, höchst vielfältigen Lärm meines Herzens wiedergibt, so wie er im *Blut eines Dichters* aufklingt. »Der Dichter ist tot! Es lebe der Dichter!« Das ruft seine Tinte aus. Das verkünden seine umflorten Trommeln. Das sagen seine aufflammenden Trauerkerzen. So rumort es in eurer Manteltasche, in der ihr mein Buch verstaut habt, daß die Leute, die euern Weg kreuzen, sich umdrehen und sich fragen, was das wohl für ein Lärmen sei. Das ist der ganze Unterschied zwischen einem Buch, das nichts ist als ein Buch, und diesem Buch, das ein Mensch ist, der sich in ein Buch verwandelte. Der sich in ein Buch verwandelte und um Hilfe ruft, damit man den Zauber breche und er auferstehe im Fleisch, im Menschsein des Lesers. Das ist das Taschenspielerstückchen, um das ich euch bitte. Versteht mich recht! Es ist ja gar nicht so schwer, als es auf Anhieb erscheinen mag.

Ihr zieht das Buch aus der Tasche. Ihr lest es. Und gelingt es euch, es zu lesen, ohne daß euch auch nur das geringste davon abzulenken vermag, so spürt ihr allmählich, daß ich in euch übergehe, und so erweckt ihr mich zu euerm Leben. Es kann euch sogar widerfahren, daß ihr unversehens eine meiner Gesten, einen meiner Blicke habt. Ich wende mich, das versteht sich von selbst, an die Jugend einer Zeit, in der ich nicht mehr leiblich, nicht mehr im Bunde meines Bluts und meiner Tinte unter euch weilen werde.

Wir sind uns also einig. Es ist dabei wichtig, und ihr dürft es nicht außer acht lassen, daß die zu Druckbuchstaben gewordenen Grundlinien meiner Handschrift ihre Spiralen in euch wiederfinden und entrollen, um vorübergehend meine Linie um die eure zu schlingen, damit ein Austausch unsrer Leidenschaftsgrade vor sich gehe.

Folgt ihr buchstabengetreu meiner Anweisung, so kommt es zur Osmose, und diese Kräftedurchdringung bewirkt, daß ein Buch aufhört, ein reichlich abstoßendes Behältnis zu sein, und daß es einem Beistandspakt dient, demgemäß das Lebendige dem Toten und das Tote dem Lebendigen hilft. Ihr werdet mir ebensoviel schenken wie ihr von mir empfangt. Mehr brauchen wir darüber nicht zu sagen.

Heute abend, da ich mich an die Kindeskinder unsrer Kinder wende, habe ich arge Beschwerden auszustehen. Zwischen Mittel- und Ringfinger meiner rechten Hand schilfert die Haut ab. Unter meinen Armen peinigt's mich wie ganze Büschel von Brennesseln. Ich halte mich zum Schreiben an, denn Nichtstun verschlimmert meine Marter. Und so versetze ich mich in eine Zeit, in der meine Seiten an der Reihe sind, Arg und Weh zu ertragen. Das wird vielleicht auch ihnen blühen. Denn eine so dringlich zuflüsternde Tinte wie die meine dürfte wohl nicht die reine Erholung sein.

Was gäbe ich nicht darum, ginge es mir gut! Könnte ich Stücke, Filme, Gedichte aus dem vollen schöpfen! Könnte ich das Fleisch meines Buchs so muskelhart machen, daß die Reißzähne des Schmerzes nicht einzudringen vermögen!

Und da habe ich mich auch noch beklagt! Worüber denn? Über eine Grippe. Über eine Nervenentzündung. Über eine Typhuserkrankung. Über ein loyales Duell mit dem Tod. Ich wußte nichts von dieser heimtückischen Pest, die uns ebenso abnutzt wie der Mensch die Erde, mit Fleiß und Geduld. Von diesem verheimlichten Streik in meiner Werkstatt. Von diesem Zubehör, das in die Brüche geht

Jean Cocteau

und das man nirgendwo nachbestellen kann. Ich wußte nichts vom Altern, basta!

Jean Genet, den man eines Tages wohl oder übel zu den Moralisten wird rechnen müssen, so sonderbar das auch erscheinen mag, da man den Moralisten für gewöhnlich mit dem Moralprediger verwechselt – Jean Genet sagte mir vor einigen Wochen das treffliche Wort: »Es genügt nicht, dem Leben unsrer Helden zuzusehen und sie zu beklagen. Wir müssen ihre Verirrungen auf uns nehmen und die Folgen tragen.«

Wer sind meine wahren Helden? Gefühle. Gestalten abstrakter Art und dennoch lebend und übertrieben anspruchsvoll. Das ging mir auf, als ich Genet zuhörte und die Verheerungen feststellte, die in seinem Gemüt durch die Verruchtheit des Ägypters Querelle angerichtet wurden. Er wußte sich verantwortlich und lehnte die Ausflucht der Unzurechnungsfähigkeit ab. Er war bereit, nicht etwa einem Prozeß gegen die Kühnheit seines Buchs entgegenzusehen, sondern sich selber den Prozeß aufzubürden, den eine übergeordnete Gerechtigkeit seinen Personen anhängen würde.*

Mit einem Schlag rückte er den endlosen Rechtshandel, in den ich verstrickt bin, ins grelle Licht. Mit einem Schlag ließ er mich die Gründe einsehen, warum ich mich dagegen nicht auflehne. Es ist nur gerecht, daß der Autor selber dieses anhängige Verfahren gegen Worte, Haltungen, Erdichtungen auf sich nimmt und daß er zwischen zwei Poli-

* Um Jean Genet in den Augen der Richter zu situieren, erklärte ich während der Verhandlung (1942), daß ich ihn als einen der großen Schriftsteller Frankreichs ansehe. Man kann sich ausmalen, welches Zetergeschrei die Besatzungsblätter darüber anstimmten. Aber jedes Pariser Gericht hütete sich seit Baudelaires Verurteilung ängstlich davor, eine weitere der berüchtigten Tölpeleien zu begehen. Ich habe Genet herausgerissen. Und von meiner Aussage ziehe ich nicht ein einziges Wort zurück.

zisten vor Gericht erscheint. Völlig unzulässig ist hingegen das Gebaren eines Autors, der sich in eigener Sache zum Richter aufwirft und angesichts der armen Tröpfe Nachsicht übt. Ein Mensch steht auf der einen oder auf der anderen Seite der Gerichtsschranken. Auf dieser grundlegenden Entscheidung beruht unser Engagement.

Wäre ich nicht von der Sorte derer, die man verklagt und die zur Selbstverteidigung nicht geschaffen sind, hätte ich mich zutiefst geschämt, als mir Genet das Geheimnis seiner Seelenqual anvertraute. Aber würde er es mir anvertraut haben, hätte er mich nicht vor langer Zeit und auf den ersten Blick an den Zeichen erkannt gehabt, an denen die Verfemten sich erkennen? Ich war zugegen, als Genet sich weigerte, einem berühmten Schriftsteller vorgestellt zu werden, weil ihm dessen Amoralität »verdächtig« erschien.

Ich halte es für unerläßlich, offen darauf hinzuweisen, daß ich meine Gedanken verkörpere, so widerspruchsvoll sie auch sein mögen, und daß die irdische Gerichtsbarkeit sich an mich und nur an mich zu halten habe. Meine Ideen, wie ich bereits sagte, haben Menschengestalt. Sie handeln. Ich allein bin für ihr Tun und Lassen verantwortlich. Meiner unwürdig wäre es, wie Goethe nach den Selbstmorden, die der *Werther* im Gefolge hatte, zu erklären, dies ginge mich nichts an.

Es ist also nur in der Ordnung, wenn ich die Justizirrtümer ausbade, die von leicht zu entstellenden und keines Alibis teilhaftigen Ideen immer wieder heraufbeschworen werden.*

* In unsrer Welt kommt es doch manchmal zu einer öffentlichen juristischen Revision irriger Entscheidungen. Mutter und Sohn der *Parents terribles*, zwei Wesen von unantastbarer kindlicher Reinheit, waren 1939 vom Stadtrat und 1941 von der faschistischen Miliz wegen Inzucht verurteilt, jedoch 1946 in letzter Instanz einstimmig freigesprochen worden.

Ich täusche mich nicht über die erschreckenden Gefahren hinweg, die meinem Werk drohen, wenn meine Person einem gewitzten Advokaten, einem Belastungszeugen und der Kluft, die einen Dichter von den Geschworenen trennt, ausgesetzt sein sollte. Ich verzeihe dem Richterspruch, so ungeheuerlich er auch immer sein mag. Es wäre zu einfach, wandelte ich ungestraft außerhalb der Gesetze, in einer von ihnen regierten Welt.*

5. Juli 1946.

* Ich weiß recht wohl, was man über dieses Buch sagen wird. Der Autor geht uns mit seinem Ich auf die Nerven. Wer täte das nicht? Angefangen mit den Kritikern, die nicht mehr sachlich, sondern nur noch in bezug auf ihre Person urteilen. Zeichen einer gegen das Individuum verschworenen Epoche, die sich dabei nur um so mehr individualisieren wird, aufgrund jenes Widerspruchsgeistes, der die Welt und vornehmlich Frankreich lenkt.

NACHWORT

Da bist du wieder geheilt, wieder unerschrocken. Unerschrocken und unbesonnen, hin und her geschüttelt im Wirrwarr, den du verabscheust, immer vor etwas auf der Flucht, immer nach etwas auf dem Weg, und dein Schlitten umringt von Wölfen und Schnee.

Da bist du wieder geheilt und winters allein zurückgekehrt in das große, leere Haus, wo du dies Buch schriebst, von vertrauten Menschen umgeben. Du schriebst dies Buch, und nun siehst du die ersten Druckfahnen durch und verstehst fast nicht mehr, was sie meinen.

Unerschrocken und unbesonnen, überhäuft mit Arbeit, die andre Arbeit nach sich zieht, und bemüht, ein Ziel zu erreichen, das du schmückst wie einen Weihnachtsbaum.

Hast du ein Recht auf Weihnachten und auf ein weltabgeschiedenes Haus? Hast du ein Recht, weltabgeschiedene Werke zu schreiben, die über die Menschen richten und den Stab brechen?

Neulich, während eines Gesprächs am abendlichen Tisch, hast du dein Alter erfahren. Du selber hast es nicht gewußt, denn du bist ein schlechter Rechner und warst weit davon entfernt, das Datum deiner Geburt mit dem laufenden Jahr zu verknüpfen. Etwas in dir war nun wie vor den Kopf gestoßen. Und dieses Etwas hat heimtückisch den ganzen Organismus angesteckt, damit du dir endlich eingestehst: »Ich bin alt.« Lieber hättest du dich wohl sagen hören: »Du bist jung«, und geglaubt, was dir die Schmeichler erzählen.

Unerschrocken und unbesonnen, wie du bist, hättest du dich zu einer Partei schlagen sollen. Der Schwierigkeit, zu sein, wird dadurch eine Grenze gesteckt, denn für den, der auf eine Farbe schwört, gibt es nur die Parteisache und sonst nichts auf der Welt.

Aber alles, alles verlockt dich. Du wolltest keiner Sache entsagen. Du wolltest zwischen allen Stellungen durchschlüpfen und deinen Schlitten nicht anhalten lassen.

Nun mußt du Unerschrockener eben sehen, wie du mit allem fertig wirst. Geh deinen Weg, unerschrocken und unbesonnen! Und wag es, zu sein – bis zum Schluß!

ANMERKUNG

Nach dem »Doppeladler« geschrieben

Ich hatte beschlossen (genauer gesagt: etwas in mir hatte beschlossen), ein Werk anzugehen, aus dem die Psychologie sozusagen verbannt sein sollte. Die Psychologie im strengen Sinn sollte darin durch eine Art heroischer oder heraldischer Psychologie ersetzt werden. Die Psychologie unserer Helden würde also, um mich klar auszudrücken, mit der eigentlichen Psychologie nicht mehr zu tun haben als die Einhörner und Löwen der Wandteppiche mit wirklichen Tieren. Ihr Verhalten (Lachen des Löwen, Standarten tragende Einhörner) sollte so ausschließlich dem Theater eignen wie diese Fabelwesen den Wappen. Ein solches Werk mußte, wie es sich gehört, unsichtbar und für den Psychologen unlesbar sein. Um es sichtbar werden zu lassen, brauchte ich eine Bühnendekoration, Kostüme, Edwige Feuillère und Jean Marais. So wie Blumen durch Farbe und Duft sichtbar sind. Ich bedurfte ihrer, damit die pflanzlichen Organe des Werks funktionieren und die Vermittler, ich meine das Publikum, meinen Pollen weitertragen konnten.

Die Kunst ist in meinen Augen nur dann von Bedeutung, wenn sie als Projektion einer Moral in Erscheinung tritt. Der Rest ist dekorativ. Daß man als dekorative Werke auch solche ausgibt, die es nicht sind, ist nur folgerichtig in einer Zeit, in der Auge und Ohr dem Dekorativen erliegen.

Rimbaud hat das Thema vom ersichtlichen Verfluchtsein bis zum letzten Tropfen ausgepreßt. Das Verfluchtsein (das man Einsamkeit, Hygiene nennen sollte) muß also die Attribute verlieren, die es auf den ersten Blick zu erkennen geben, und durch neue Mittel und Wege den Künstler in die Zwangslage versetzen, die es erheischt.

Erfolg und Mißerfolg können unserer Einsamkeit auf gleiche Weise dienlich sein. Darüber entscheidet die Zeit, in der wir leben; sie zwingt uns, instinktiv dem Geachtetsein auszuweichen, sei es durch augenscheinlichen Mißerfolg, sei es durch den Augenschein des Erfolgs.

Nachdem die Kapitel dieses Buchs geschrieben und gedruckt wurden, ist der *Doppeladler (L'Aigle à deux têtes)* zur Aufführung gelangt. Im Vorwort, das ich zur gleichen Zeit wie das Stück verfaßte, habe ich mich nicht getäuscht. Ich hatte eine ähnliche Taktik wie in dem Film *Die Schöne und das Tier* angewandt. Eine Taktik, die der eines Zeitalters entspricht, in dem politisches Treiben und Kriege keine Rolle spielten und unsre geistigen Auseinandersetzungen die einzig gültige Politik waren (z. B. die Auseinandersetzung zwischen den Surrealisten und mir).

Der Erfolg des Stücks (erzielt durch Farben und Düfte, die dem Werk fremd sind, die aber das Publikum anlocken) widerspricht dem Tribunal einer ausschließlich auf Kunst erpichten und dem Hergebrachten verfallenen Kritik.

Man muß sich, wie gesagt, darüber im klaren sein, daß die Kunst nicht als Kunst und nicht von ihrem Schöpfer gesondert, befreit, verabschiedet existiert, sondern nur als Fortsetzung eines Schreis, eines Gelächters, einer Klage. Daher kommt es ja, daß manche Bilder in Museen mir Zeichen machen und in ängstlicher Erwartung leben, während andere tot sind und nichts darbieten als Ägyptens einbalsamierte Kadaver.

NACHWORT

Die Schwierigkeit, zu sein (La Difficulté d'être) leitet die Spätphase von Jean Cocteaus Schaffen ein.

Ende der vierziger Jahre beginnt sich Cocteaus literarische Produktion zu verringern. Nach *L'Aigle à deux têtes* (Der Doppeladler) von 1946 schreibt er nur noch ein weiteres großes Theaterstück, *Bacchus*; die erzählende Prosa hat er ganz aufgegeben, und zwischen seinen letzten beiden Filmen klafft eine Spanne von zehn Jahren. Dafür wird er in den fünfziger Jahren eine rege nicht-literarische Tätigkeit entfalten: Er zeichnet, malt, töpfert, dekoriert Kapellen und öffentliche Gebäude. Im Bereich der Literatur widmet er sich vor allem kurzen, leicht überschaubaren Formen: der Dichtung und der Essayistik.

Als Cocteau an der *Schwierigkeit, zu sein* arbeitet, geht er auf die Sechzig zu; er hat weltweit Berühmtheit erlangt und gilt im Ausland vielen geradezu als Verkörperung des französischen literarischen Lebens. In diesem Essayband liest man, daß ihn allmählich das Gefühl befällt, gesagt zu haben, was er zu sagen hatte; er sieht eine Phase vor sich, in der sein Werk von der ein Leben lang geschaffenen Substanz zehren und keine wesentlichen Neuerungen mehr bieten wird. Cocteau hat stets seine Arbeit kommentiert, ja selbst die fiktive Welt seiner Theaterstücke und seiner Romane handelt letztlich von sich selbst, vom ästhetischen Schein. In den letzten anderthalb Jahrzehnten seines Lebens jedoch rückt, neben der Dichtung, die Reflexion auf sein künstlerisches Selbstverständnis deutlich ins Zentrum – zumal er sich verkannt fühlt, als glänzender Gaukler etikettiert, dem es an Tiefgang fehle.

Der Form nach an Montaignes *Essais* erinnernd, versammelt *Die Schwierigkeit, zu sein* in lockerer Folge thematisch zentrierte autobiographische Betrachtungen. Es ist ein sehr persönliches Buch, das mit dem Leser eine Unterhaltung aufnehmen will, wie sie der Autor auch mündlich gerne gepflegt hat: Ein leicht dahinfließender Redestrom mit Inseln und Kehrwassern umschließt den stummen Dialogpartner und möchte ihn in seine Strudel ziehen.

All die Anekdoten und Reflexionen verfolgen dasselbe Ziel: zu zeigen, daß Kunst Lebenskunst ist, daß der Dichter mit seinem Blut schreibt. Die Linie, der er dabei zu gehorchen habe, spüre er zwar, doch Herr über sie sei er nicht; in einer schmerzlichen Auseinandersetzung müsse sie stets neu dem Leben abgerungen werden. Nur so erziele er eine authentische Kunst, aus der die Realität der Wünsche und Träume spreche. Dies betrachtet Cocteau als die moralische Verpflichtung der Kunst, ohne die sie zu bloßem Zierat werde.

Die Arbeit an dem Buch begann er im Februar 1946, als er sich zur Rekonvaleszenz in Morzine in den französischen Alpen aufhielt; er litt an einer schweren Hautkrankheit, die ihn bereits im Jahr zuvor bei den Dreharbeiten zu *La Belle et la Bête* (Die Schöne und das Tier) quälte. In Paris und bei Freunden auf dem Land wird er weiter daran schreiben. Im gleichen Jahr hat sein Stück *L'Aigle à deux têtes* Premiere. *Die Schwierigkeit, zu sein*, die 1947 erscheint, erwähnt es am Rande.

Sowohl intimes Bekenntnis als auch Botschaft und Belehrung wollen Cocteaus essayistische Schriften der vierziger und vor allem der fünfziger Jahre sein. Was in der *Schwierigkeit, zu sein* eng an die Person des Autors gebunden ist, tragen seine späteren Reden und Essays oft unmittelbar an die Öffentlichkeit heran: die ethische Forderung der Kunst nach einer ihr gemäßen Lebenshaltung. So redet Cocteau in seiner *Lettre aux Américains* (Brief an die Amerikaner) von 1949 dem Hauptsieger des Zweiten Weltkriegs ins kulturelle Gewissen: Von dem ständigen Kampf um den Erfolg und der hastigen Verwertung alles Neuen, die den Menschen den Blick auf sich selbst versperrten, drohe eine fortschreitende Entleerung des Lebens. Der am Geschäftserfolg orientierten Kulturindustrie mit ihren stereotypisierten Erzeugnissen hält er eine individualistische Kultur entgegen, die

die Kunst ernst nimmt und mit dem Leben ihrer Produzenten wie ihres Publikums verquickt. Als heilsames Beispiel führt er den Amerikanern Frankreich vor Augen; dessen künstlerische Vitalität, rühmt schon *Die Schwierigkeit, zu sein*, verdanke sich der Tradition einer fruchtbaren Anarchie. Seine Rede *Les Armes secrètes de la France* (Die geheimen Waffen Frankreichs), die er 1958 in Anwesenheit der belgischen Königin halten wird, nimmt im Titel bereits dieses Thema wieder auf. Cocteau fühlt sich durchaus als Vertreter einer Nationalkultur, und so ist es nur gerecht, daß er 1955 in die Académie française gewählt wird.

1953 veröffentlicht Cocteau den Essayband *Journal d'un inconnu* (Tagebuch eines Unbekannten), der seiner Form und seinem Inhalt nach *Die Schwierigkeit, zu sein* fortsetzt. Das philosophische Kernstück dieses Bandes, »Des Distances« (Von den Entfernungen), wird ausführlich einen Gedanken entwickeln, der Cocteau immer teuer war und ihm mit zunehmendem Alter noch mehr am Herzen liegt. Es handelt sich um eine Variation des Schicksalglaubens, wie er etwa in dem Theaterstück *Die Höllenmaschine* von 1934 zum Ausdruck gelangte: Mit einer abgeklärten Relativitätsphilosophie versichert sich Cocteau der metaphysischen Nichtigkeit der irdischen Zwecke und überläßt den Lauf der Welt dem kosmischen Wechsel von Entstehung und Zerfall. Diesen erhabenen Standpunkt nimmt der Dichter doch nicht gar so ernst – wie sollte das auch gehen? – und bemüht sich weiterhin, das Publikum für sich und seine Ansichten zu gewinnen.

Reinhard Schmidt

BIBLIOGRAPHISCHE HINWEISE

Erstausgaben und Übersetzungen der Werke dieses Bandes:

— *La Difficulté d'être*, Paris: Morihien, 1947.
(Neuausgabe mit geringfügigen Änderungen des Autors: Monaco: Rocher, 1983.)
Deutsche Übersetzung: *Die Schwierigkeit, zu sein*, aus dem Französischen von Friedrich Hagen; erstmals München/Wien/Basel: Desch, 1958.

Ausgewählte Literatur:

Zur Biographie:

— Frederick Brown: *An Impersonation of Angels*, New York, 1968. Deutsche Übersetzung: *Ein Skandal fürs Leben*, Bern/München, 1980.
— André Fraigneau: *Cocteau par lui-même*, Paris, 1957. Deutsche Übersetzung: *Jean Cocteau in Selbstzeugnissen und Bilddokumenten*, Reinbek, 1961.
— Jean-Jacques Kihm / Elizabeth Sprigge / Henri C. Béhar: *Jean Cocteau. L'homme et les miroirs*, Paris, 1968. Deutsche Übersetzung: *Jean Cocteau. Sein Leben – ein Meisterwerk*, bearbeitet von Friedrich Hagen, München/Wien/Basel, 1970.
— Francis Steegmuller: *Cocteau. A Biography*, Boston/Toronto, 1970. Französische Übersetzung: *Cocteau*, Paris, 1973.

Zum Werk:

— Jacques Brosse: *Cocteau*, Paris, 1970.
— Jean Cocteau: *Entretiens avec André Fraigneau*, Paris, 1965.
— Philippe Dulac: *Cocteau critique*. In: La Nouvelle Revue Française, Februar 1984, n° 373; S. 69–75.

— *Hans Rudolf Kautz: Dichtung und Kunst in der Theorie Jean Cocteaus* (Dissertation), Heidelberg, 1970.
— Gérard Mourgue: *Cocteau,* Paris, 1965.
— Elke Schellenberg: *Studien zu Jean Cocteaus Funktionsbestimmung von Kunst und Literatur* (Dissertation), Marburg, 1972.

Weitere Literatur zu Cocteau findet sich in der Bibliographie des Bandes »Kritische Poesie IV« dieser Ausgabe.

VERZEICHNIS DER ABBILDUNGEN

Alle Zeichnungen von Jean Cocteau.

EINE ÜBERSICHT ÜBER LEBEN UND WERK

1889 am 5. Juli in Maisons-Laffitte nahe Paris als Sohn einer wohlhabenden Familie geboren.

1899 5. April: Jeans Vater begeht aus ungeklärten Gründen Selbstmord.

1900–1906 Schulbesuch in Paris.

1907 gibt nach dem dritten erfolglosen Versuch, die Reifeprüfung zu bestehen, seine Schulausbildung auf.

1908 erste Lesung seiner Gedichte; beginnt am mondänen Pariser Gesellschaftsleben teilzunehmen, verkehrt u. a. mit Marcel Proust, Anna de Noailles, Reynaldo Hahn.

1909 erste Buchveröffentlichung: der Gedichtband *La Lampe d'Aladin*. Mitbegründer der luxuriösen literarischen Zeitschrift *Schéhérazade*. Lernt den Leiter des Russischen Balletts, Serge Diaghilew, kennen.

1910 Gedichtband *Le Prince frivole*.

1911 Zeichnungen für das Russische Ballett; macht die Bekanntschaft Igor Strawinskys.

1912 Aufführung seines Balletts *Le Dieu bleu*. Gedichtband *La Danse de Sophocle*.

1913 künstlerische Neuorientierung; distanziert sich von seiner gesamten bisherigen Arbeit und wird fortan die Liste seiner Werke mit dem in diesem Jahr entstehenden Prosawerk *Le Potomak* beginnen lassen.

1914 Erster Weltkrieg; vom Kriegsdienst zurückgestellt, zeitweise als freiwilliger Ambulanzhelfer an der Front. Mitbegründer der Zeitschrift *Le Mot*.

1915 schreibt an Gedichten zu *Le Cap de Bonne Espérance* und *Discours du grand sommeil* (Rede vom großen Schlaf). Pflegt den Umgang mit den Künstlern von Montmartre und Montparnasse, mit Max Jacob, Picasso, Cendrars, Apollinaire, Erik Satie. Gegen Ende des Jahres erneut als Ambulanzhelfer in Nieuport.

1916 läßt sich endgültig ausmustern. Arbeitet mit Satie und Picasso an dem Ballett *Parade*.

1917 mit Picasso und Strawinsky in Rom, wo Diaghilew *Parade* vorbereitet. Mai: Uraufführung von *Parade* in Paris.

1918 veröffentlicht das musik- und kunsttheoretische Manifest *Le Coq et l'Arlequin* (Hahn und Harlekin).

1919 lernt den erst sechzehnjährigen Dichter Raymond Radiguet kennen, der bald sein engster Freund wird. Artikelserie *Carte Blanche* über die Pariser Künstlerszene. *Le Cap de Bonne Espérance, Ode à Picasso* und *Le Potomak* erscheinen.

1920 Uraufführung des Mimodrams *Le Bœuf sur le toit* (Der Ochs auf dem Dach). Gründet mit Radiguet die Zeitschrift *Le Coq*, veröffentlicht *Poésies 1917–1920*.

1921 Uraufführung von *Les Mariés de la tour Eiffel* (Die Hochzeit auf dem Eiffelturm).

1922 langer Aufenthalt in Le Lavandou und Pramousquier an der Côte d'Azur mit Radiguet; schreibt hier *Le Grand Ecart* (Die große Kluft), *Thomas l'imposteur* (Thomas der Schwindler) und *Plain-Chant* (Choral). Der Gedichtband *Vocabulaire* (Wortschatz) und der Essay *Le Secret professionnel* (Das Berufsgeheimnis) erscheinen. Dezember: Uraufführung von *Antigone*.

1923 Rede *D'un ordre considéré comme une anarchie*. 12. Dezember: Raymond Radiguet stirbt an Typhus. *Le Grand Ecart, Thomas l'imposteur* und *Plain-Chant* erscheinen.

1924 Uraufführung seiner Shakespeare-Bearbeitung *Roméo et Juliette* und des Balletts *Le Train bleu*. Versammelt die meisten seiner bisherigen Gedichte in *Poésie (1916–1923)*. Massiver, regelmäßiger Opiumgenuß. Der katholische Religionsphilosoph Jacques Maritain führt ihn vorübergehend in die Arme der Kirche.

1925 Entziehungskur auf Drängen Maritains. Sommer: in Villefranche an der Côte d'Azur Arbeit an Gedichten zu *Opéra*, an den Stücken *Oedipe-Roi* (König Ödipus) und *Orphée* sowie an *Lettre à Jacques Maritain* (Brief an J. Maritain). Veröffentlicht das Gedicht *L'Ange Heurtebise* (Der Engel Heurtebise).

1926 Premiere von *Orphée*. Es erscheinen *Le Rappel à l'ordre* mit großteils bereits publizierten essayistischen Texten, die Zeichnungen *Maison de santé* und *Lettre à Jacques Maritain*, das seinen Bruch mit dem offiziellen Katholizismus einleitet.

1927 befreundet sich mit dem jungen Schriftsteller Jean Desbordes. Strawinskys Oratorium *Oedipus Rex* wird mit Cocteaus ins Lateinische übersetztem Text uraufgeführt. *Opéra. Œuvres poétiques (1925–1927)*. Dezember: schreibt *Le Livre blanc* (Das Weißbuch).

1928 veröffentlicht *Le Mystère laïc* (Das weltliche Geheimnis) und, anonym, *Le Livre blanc*. Im Dezember: erneute Entziehungskur, während der er *Les Enfants terribles* (Kinder der Nacht) und *Opium. Journal d'une désintoxication* (Tagebuch einer Entziehungskur) verfaßt.

1929 verläßt im März die Klinik. Veröffentlichung von *Les Enfants terribles*.

1930 Uraufführung von *La Voix humaine* (Die geliebte Stimme). Dreht den Film *Le Sang d'un poète* (Das Blut eines Dichters). *Opium* wird veröffentlicht.

1931 erkrankt im Sommer in Toulon an Typhus.

1932 erste Vorführung von *Le Sang d'un poète;* schreibt *La Machine infernale* (Die Höllenmaschine). Es erscheint *Essai de critique indirecte* (Versuche), das *Le Mystère laïc* und *Des Beaux Arts considérés comme un assassinat* (Die Schönen Künste als ein Mord betrachtet) enthält.

1933 *Le Fantôme de Marseille*. Im Dezember Entziehungskur. Trennung von Jean Desbordes.

1934 Uraufführung von *La Machine infernale*.

1935 Die Erinnerungsskizzen *Portraits-Souvenir* (Die Farben der Erinnerung) erscheinen in der Zeitung *Le Figaro.*

1936 Weltreise mit seinem Freund Marcel Khill, um Jules Vernes *Reise um die Welt in 80 Tagen* zu verwirklichen; die Reportagen erscheinen in der Zeitung *Paris-Soir.*

1937 lernt Jean Marais kennen, mit dem ihn eine lebenslängliche Freundschaft verbinden wird. Uraufführung von *Les Chevaliers de la Table Ronde* (Die Ritter von der Tafelrunde).

1938 Uraufführung von *Les Parents terribles,* das in Paris kurzzeitig als sittenwidrig von den öffentlichen Bühnen verbannt wird.

1939 schreibt *La Fin du Potomak.*

1940 Uraufführung von *Les Monstres sacrés.* Zieht sich, als die deutschen Truppen in Paris einmarschieren, nach Perpignan zurück. Neuerliche Entziehungskur. Im Herbst Rückkehr in das besetzte Paris.

1941 Uraufführung von *La Machine à écrire* (Die Schreibmaschine). Heftige Angriffe der rechten Presse. Schreibt das Versdrama *Renaud et Armide;* veröffentlicht die Gedichte *Allégories.*

1942 Sein Artikel *Salut à Breker* anläßlich einer Pariser Ausstellung des im Dritten Reich hochgeschätzten Bildhauers Arno Breker ruft einige Empörung hervor. Setzt sich vor Gericht für den angeklagten Schriftsteller Jean Genet ein.

1943 20. Januar. Tod seiner Mutter. Uraufführung von *Renaud et Armide.* Drehbuch zu dem Film *L'Eternel Retour* von Jean Delannoy. Essay *Le Mythe du Greco.*

1944 Sein alter Freund Max Jacob stirbt, von den Nazis deportiert. Jean Desbordes wird der Untergrundtätigkeit bezichtigt und von der Gestapo zu Tode gefoltert.

1945 dreht den Film *La Belle et la Bête* (Die Schöne und das Tier). Schreibt die Dialoge zu dem Film *Les Dames du Bois de Boulogne* von Robert Bresson. Das lange Gedicht *Léone* erscheint.

1946 Uraufführung von *L'Aigle à deux têtes* (Der Doppeladler) und des Balletts *Le Jeune Homme et la Mort;* das Gedicht *La Crucifixion* und *La Belle et la Bête. Journal d'un film* erscheinen.

1947 Roberto Rossellini verfilmt *La Voix humaine,* Cocteau selbst *L'Aigle à deux têtes.* Essayband *La Difficulté d'être* (Die Schwierigkeit, zu sein). Lernt Edouard Dermit kennen, den er später zu seinem Adoptivsohn machen wird. Erwirbt mit Jean Marais ein Haus in Milly-la-Forêt.

1948 verfilmt *Les Parents terribles.* Ende Dezember in New York.

1949 Essay *Lettre aux Américains* (Brief an die Amerikaner). Frühjahr: begleitet eine Theatertruppe auf einer Tournee durch den Nahen Osten, er erzählt diese Reise in *Maalesh.* Dreht im Herbst *Orphée.* Wird zum Ritter der Ehrenlegion ernannt. *Théâtre de poche* (Taschentheater) erscheint. Jean-Pierre Melville verfilmt *Les Enfants terribles.*

1950 Uraufführung des Balletts *Phèdre.* Sein Film *Orphée* erhält in Venedig den internationalen Kritikerpreis.

1951 Präsident der Autoren- und Komponistengewerkschaft. Uraufführung des Stücks *Bacchus. Entretiens autour du cinématographe* (Gespräche über den Film) und *Jean Marais.*

1952 in München erste umfassende Ausstellung des graphischen und malerischen Werks; kurze Aufenthalte in der Bundesrepublik Deutschland. Gedichtband *Le Chiffre sept.*

1953 Uraufführung des Balletts *La Dame à la licorne* in München. Vorsitzender der Jury des internationalen Filmfestivals in Cannes. Erste Reise nach Spanien, das er in den kommenden Jahren mehrmals besuchen wird. *Démarche d'un poète* (Der Lebensweg eines Dichters). Gedichtband *Appogiatures* und Essayband *Journal d'un inconnu* (Tagebuch eines Unbekannten).

1954	10. Juni: Herzinfarkt. Gedichtband *Clair-obscur*.
1955	Aufnahme in die Académie royale de langue et de littérature française de Belgique und in die Académie française.
1956	Dekoration der Kapelle Saint-Pierre in Villefranche. Ehrendoktor der Universität Oxford.
1957	Ehrenmitglied des New Yorker Institute of Arts and Letters. Wandmalereien im Trausaal des Rathauses von Menton. Veröffentlicht die spanischen Impressionen *La Corrida du 1er mai*.
1958	Ausstellung seiner Töpfereien. Reden *Discours sur la poésie* und *Les Armes secrètes de la France*. Gedichtband *Paraprosodies*.
1959	Blutsturz; schreibt, ans Krankenbett gefesselt, an den Gedichten zu *Le Requiem*. Uraufführung des Mimodrams *Le Poète et sa muse*. Dreharbeiten zu seinem letzten Film *Le Testament d'Orphée*.
1960	*Le Testament d'Orphée* läuft in den Kinos an. Wird zum »Prince des poètes«, zum »Dichterfürsten« gewählt. Ausstellung des graphischen und malerischen Werks in Nancy.
1961	Kommandeur der Ehrenlegion. Gedichtband *Cérémonial espagnol du Phénix suivi de La Partie d'échecs*.
1962	Uraufführung von *L'Impromptu du Palais-Royal* in Tokio. Der autobiographische Essay *Le Cordon ombilical* und *Le Requiem* erscheinen.
1963	22. April: Herzanfall. Zieht sich in sein Haus nach Milly zurück; dort stirbt er am 11. Oktober.

Für weitere Informationen zu Leben und Werk sei auf den Band »Erzählende Prosa I« dieser Ausgabe verwiesen. Eine ausführliche Bibliographie enthält der Band »Kritische Poesie IV«.